인문학,
철학
그리고
세계

인문학, 철학 그리고 세계

| 홍병선 편저 |

어문학사

머리말

플라톤은 그의 책 『대화편』에서 "따져보지 않은 삶은 살 만한 가치가 없다."고 지적하고 있다. 물론 사회에 속한 모든 사람이 회의적인 지식인이 되어 자신의 신념의 토대를 이루는 가정들에 대해 끊임없이 따지기만 한다면, 실천을 행하는 사람은 아무도 없게 될지도 모른다. 그렇지만 다른 한편으로 그와 같이 신념의 가정들을 검토하지 않은 채 그냥 내버려 둔다면, 사회는 경직되고 신념은 독단으로 변해버리며 상상력은 메말라 우리의 지성은 황무지로 변해버리고 말 것이다. 우리 사회가 검토되지 않은 경직된 독단으로 굳어져 버릴 경우, 그 어떠한 진보나 발전도 기대할 수 없을 것이다.

철학을 포함하여 지혜의 보고로서의 인문학이 담고 있는 가치를 염두에 둔다면 인문학에서 제기하고 있는 물음과 그 속에 담고 있는 지혜는 지금도 여전히 유효하고 앞으로도 그럴 것이다. 인문학이 우리의 삶에 아무 도움이 되지 않는다는 일반적인 평가는 인문학의 가치에 대한 평가절하이거나 지배를 위한 논리를 아무런 반성 없이 받아들인 결과일 것이다. 이러한 고정 관념에서 탈피하기 위해서라도 우리는 인문학을 해야 한다는 결론이 나온다. 인문학은 인간의 본성에 대한 해명을 바탕으로 삶의 가치와 좌표를 정하는 데 결정적으로 기여한다. 특히 인문학적 상상력을 통해 한 개인과 개인을 둘러싼 세상의 여러 현실적 문제에 대한 답변 가능성을 확보할 수 있다는 점에서 인간과 세계에 대한 통찰을 가능하게 해주는 인문학을 근간으로 하지 않고서는 우리가 지향하는 미래 지향적 가치는 확보될 수 없다.

철학을 일반인들에게 보급하여 사고를 훈련시킨다는 것은 쉬운 일이 아니다. 심지어 지성의 전당으로 여겨지는 대학에서조차 외면당하기 십상이다. 그럼에도 불구하고 상상력과 지성이 살아 움직이고 진리와 정의에 대한 추구가 멈추지 않으려면, 우리가 당연하다고 받아들이는 모든 신념의 가정과 인습, 전통에 따른 그 어떠한 주장이나 이론도 끊임없이 도전받아야 한다. 우리가 당연하게 받아들이는 기존 사상들은 반드시 검토되고 비판이 이루어져야 진보할 수 있고, 새로운 신념 체계를 확보할 수 있을 것이다. 인류의 진보와 발전은 바로 여기에 달려 있으며 이러한 측면이 이 책이 세상에 나올 수 있었던 직접적인 계기가 되었다.

그 어떤 철학에 관한 책도 철학의 모든 것을 음미할 수 있는 내용을 담기란 불가능할지도 모른다. 그런 점에서 일반인, 특히 대학생들을 위한 적절한 주제를 제시하고, 철학적 사색을 가능하게 하는 대안을 마련하지 않을 수 없다. 본서는 그러한 목적을 달성하기 위해 우선 비전문가들도 홍미롭게 읽을 수 있고, 진지하게 사고할 수 있도록 했다. 또 비록 철학적 훈련을 받지 못했다고 할지라도 읽어나가는 과정에서 이해와 사색이 어느 정도 이루어질 수 있도록 구성했다. 따라서 이 책이 철학에 입문하는 모든 사람에게 철학적 관심을 유발하는 도화선 역할을 할 것으로 기대한다.

이 책은 엄밀하게 말해서 필자의 단독 저서라고 말하기는 어렵다. 이 말은 필자가 직접 집필한 것이기는 하지만 부분적으로 번역하기도 하고 발췌하여 재구성한 것도 있다는 의미다. 특히, 2장의 경우 영국 BBC가 발행한 『*Some Creators of Contemporary Philosophy: Men of Ideas*』의 1장을 부분적으로 번역, 발췌하여 재구성하였고, 3장은 중앙대출판부 『철학의 이해』 8장(참으로 존재하는 것은 무엇인가)의 아이디어를 참고하여 새롭게 구성하였으며, 2부의 5, 6, 7장은 2013년에 출간된 『인문학적 상상력』에서 발췌하여 재구성한 것인데, 사실 당시 집필하는 과정에서 대학원생들의 아이디어를 토대로 필자가 직접 작성하고 가다듬은 것이라는 점을 아울러 밝혀 두고자 한다.

앞에서도 언급한 바와 같이 어떠한 철학 관련 서적도 철학의 모든 것을 책에 담기란 불가능하다. 그런 점에서 이 책에서 철학 자체에 대해 충분한 논의가 이루어졌다고 생각하지는 않는다. 다만 본서가 많은 사람이 철학에 관심을 기울일 수 있는 최소한의 도화선이 되길 바랄 뿐이다. 끝으로 어려운 출판 현실에도 불구하고 이 책의 나올 수 있도록 힘을 실어주고 적극적으로 도와준 어문학사 윤석전 대표님께 깊은 감사를 드린다.

2015년 2월

내리 연구실에서

편저자 홍병선

제1부 인문학과 철학

제2부

철학적 주제와 물음들

제1부

인문학과 철학

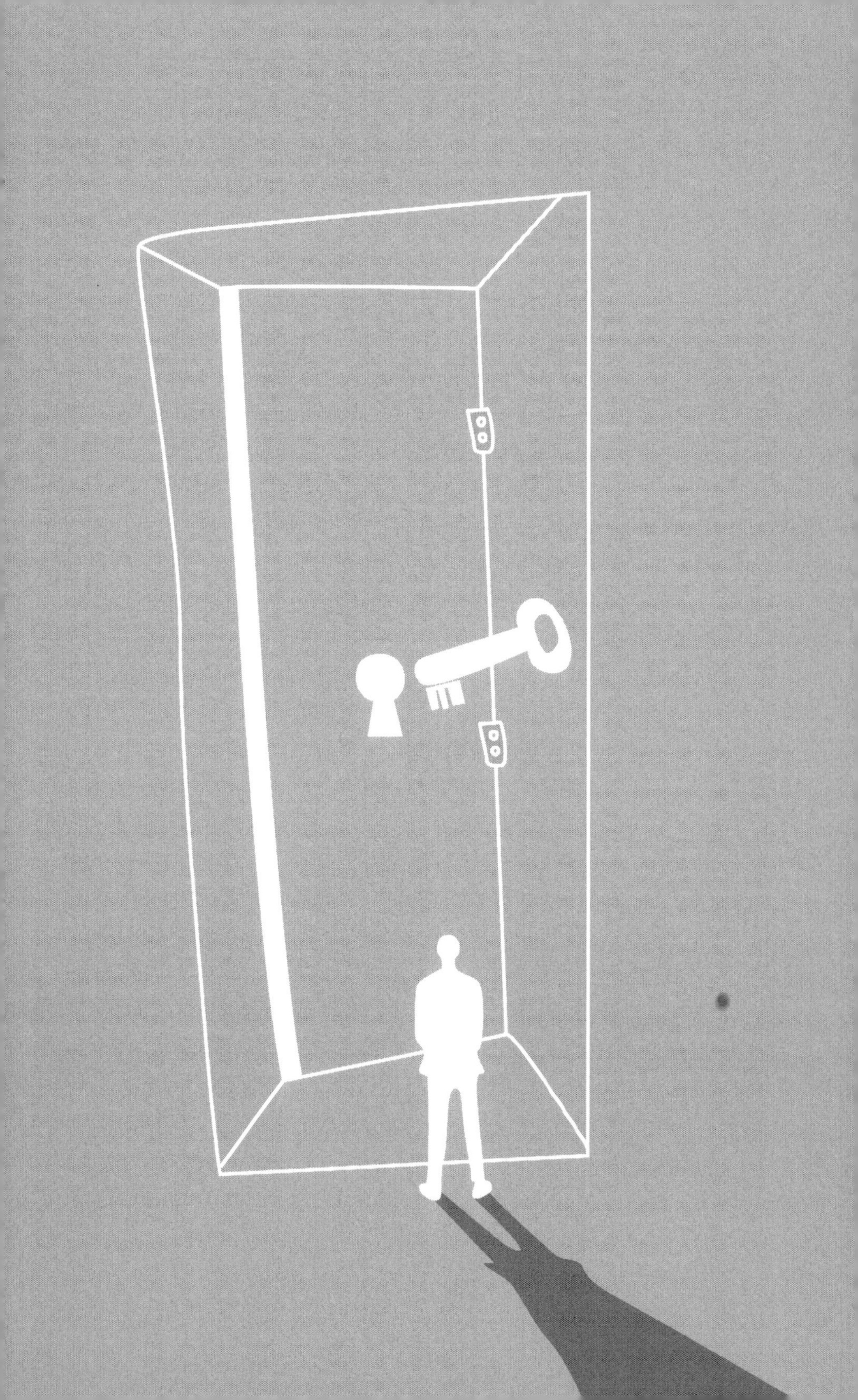

| 제1장 |

인문학의 가치와 그 생산성

1. 인문학, 무엇이 문제인가

전통적으로 휴머니즘의 이념을 바탕으로 한 인문학(Humanity)은 역사적으로 볼 때 인간교육의 주된 역할을 담당해 왔다. 그래서 인문학은 인간의 본성과 가치가 무엇인지에 대한 탐구와 함께 그것을 인간교육에 적용해 사회가 요구하는 이상적인, 즉 가치 지향적이고 미래 지향적인 인간상을 구현하는 데 가장 핵심적인 역할을 해 왔다. 인문학이 인간다운 삶의 조건에 대해 규범적으로 반성하고 연구하는 학문이라고 한다면, 인문학 교육은 이러한 반성을 토대로 하여 '인간다운 삶'을 살아갈 수 있는 성향과 능력을 길러주는 교육이라고 규정할 수 있다. 즉 인간다움의 이념을 실현해 낼 수 있도록 도와주는 교육은 바로 인문학 교육에서 비롯된다고 할 수 있다.

우리는 유용성의 측면에서 볼 때, 인문학이 우리의 삶에 실질적으로 아무런 도움이 되지 않는다는 편견이나 선입견을 가지고 있다. 인문학 교육을 중요시하는 미국, 영국, 독일, 프랑스와 같은 선진국의 교육 시스템과 우리나라의 교육 시스템을 비교해 보면 우리가 왜 이러한 편견이나 선입견을 갖게 되는지 알게 된다. 그러한 편견이 형성된 근본적인 이유는 바로 '인문학 교육'이 있느냐 없느냐의 차이에서 비롯된 것이다.

우리나라의 모든 공교육에서 인문학 교육이 슬그머니 사라진 것은 일제 강점기 이후로 추정된다. 이는 곧 시키는 일밖에 할 줄 모르는 바보를 육성하기 위한 교육 시스템에 근거하고 있다. 동서고금(東西古今)을 막론하고 그 어떠한 역사에서도 피지배층에게 인문학을 가르친 사례는 찾아보기 어렵다. 만일 그들에게 인문학을 가르친다면 지배에 대한 정당성이 확보될 수 없을 뿐만 아니라, 지배층의 뜻대로 피지배층을 통치하기 어렵기 때문이다. 당시에도 그랬고 그 이후에도 상당히 오랜 세월 그래 왔다는 사실을 우리의 교육사를 통해 확인할 수 있다.

우리는 주입식 교육의 폐해를 늘 지적하면서도 이를 적극적으로 바꾸려는 노력은 물론 반성조차 하고 있지 않을 뿐만 아니라, 지금도 여전히 인문학이 빠진 교육을 하고 있다. 인문학이 빠진 공교육은 기능이나 기술을 가르치는 '학원 교육'과 다를 바 없다.

최근 인문학에 대한 새로운 '바람'과 사회적 관심은 고사 직전에 몰린 '인문학 구하기'와는 거리가 먼 듯하다. 그렇다면 이러한 일련의 현상을 어떻게 받아들여야 하는가? 인문학의 위기가 인문학을 업으로 삼는 사람들의 생계 문제라고 여긴다면, 더 이상 우리가 여기에 동조할 이유가 있을까? 결코 그럴 이유는 없다. 인문학의 위기가 국가 전체의 위기로 이어질 수 있는 상황을 인문학을 업으로 삼는 사람들의 생계 문제로 대치할 수는 없기 때문이다. 그렇다면 소위 인문학의 위기라고 일컫는 것에 대해 보다 엄밀하게 진단할 필요성은 바로 여기에서 비롯된다.

10여 년 전 미국에서 경제 위기가 닥쳤을 때, 당시 정부 및 대학에서는 인문학, 특히 철학에 주목하면서 고등교육에서 대대적으로 커리큘럼을 조정하고 각종 자격시험이나 대학에서는 필수과목으로 인문학 관련 교과목을 채택하는 경우가 많았다. '당시 왜 그런 조치를 취했을까?'라는 의문이 들기도 했지만 그 이유는 간단하다. 기술과 기교, 기능 중심의 교육으로는 미래 지향적인 가치를 확보할 수 없다는 것을 그들은 정확하게 인식하고 있었던 것으로 보인다. 창의적 인재는 마르지 않는 샘물처럼 지속적으로 아이디어를 창출하는 능력에서 비롯된다는 사실을 그들은 분명하게 인지했던 것이다. 응용학문 분야에서 새로운 아이디어를 창출해 낸다는 것은 극히 제한적인 데 비해 인문학은 그렇지가 않다. 이를 경제적인 관점에서 보았을 때 이제 팔아먹을 수 있는 것이 고갈된 것이다. 모든 가치의 생산성이 사람에게서 비롯된다고 했을 때, 기존의 교육 시스템이 새로운 가치 창출을 위한 근거가 될 수 없다는 판단에 따른 조치라는 것을 충분히 짐작할 수 있다.

지혜의 보고로서 인문학이 담고 있는 가치를 염두에 둔다면 인문학에서 제기하고 있는 물음과 그 속에 담고 있는 지혜는 지금도 여전히 유효하고 앞으로도 여전히 그럴 것이다. 우리의 삶에 아무 도움도 되지 않는다는 것은 인문학적 가치에 대한 평가절하이거나 지배를 위한 논리를 아무런 반성 없이 받아들인 결과일 것이다. 이러한 고정 관념에서 탈피하기 위해서는 결국 인문학을 해야 한다는 결론이 나온다. 따라서 본질적인 가치에 대해 왜 탐구해야 하며 무엇을 위해 인문학 교육을 해야 하는지에 대해 심도 있게 고민함으로써 '미래 지향적 가치'를 확보하는 것은 무엇과도 바꿀 수 없는 소중한 일일 것이다.

2. 인문학 제자리 찾기

인문학 열풍의 원년이라 일컫는 2000년 중반 인문학 공부와 인문서 다시 읽기가 당시 사회적으로 큰 이슈가 되었는데, 인문학 열풍의 진원지가 된 곳은 인문학 연구의 본령인 '대학'이나 '연구소'가 아니라, 기업과 대안 인문 공간이었다. 물론 많은 대학 역시 이러한 분위기에 맞추어 '인문학 열풍'에 동조하거나 휩쓸리기도 했다. 하지만 대학을 박차고 나가 학문적으로 독립한 인문학 연구자들이 만든 대안 인문 공간이나 '실용'을 주무기로 하는 기업들로부터 '인문학'이 번창하고 그 세가 확장되어 나갔다. 인문학 바람이 인문학의 본거지라고 할 수 있는 대학이 아닌 대안적 인문학도와 기업들로 인해 한국 사회에서 '인문학'이 '핫 이슈'로 떠오르기 시작한 것이다.

몇 년간 뜨거운 바람을 일으켰던 인문학 열풍은 잠시 주춤하다가 지난 2011년 서울대를 시작으로 대학들이 인문학 위주의 대학원 최고과정을 속속 개설하고, 일반 대중을 위한 인문학 시민강좌 등이 생기면서 다시금 그 바람이 불어 닥치기 시작했다. 경영학이나 사회과학, 공학 등 응용학문 분야를 선호하던 것에서 인문학으로 그 선호도가 바뀌기 시작했는데, 이는 기업이나 사회에서 요구하는 새로운 인재상과 관련이 있는 것으로 보인다.

최근 국내에서 불고 있는 인문학 열풍은 그 이전에 인문학의 위기라고 일컫던 상황과는 근본적으로 다르다. 말하자면 외적 요인이 아닌 내적 요인에 의한 열풍이라는 점에서 자생(自生)적인 것이 분명하다. 자생적으로 발생했다는 것은 인문학 제자리 잡기의 근거가 된다는 점에서 인문학 단절의 극복과 연속성 확보로 이해할 수 있을 것이다. 단절의 극복이 외세의 영향에 의해 단절되었던 인문학이 다시금 제자리를 찾아나가는 과정이라고 한다면, 연속성의 확보라 함은 인문학을 통해 자신과 세계에 대한 통찰 가능성 확보와 아울러 인문학 정신을 계승, 발전시킬 수 있는 계기가 마련되었다는 것을 의미한다. 여기에서 우리는 인문학에 대한 보다 본질적인 성찰이 진행되고 있었고, 인문학이 가진 저력을 우리가 자각하고 있었다는 사실을 간과해선 안 된다.

인문학은 인간의 본성에 대한 해명을 바탕으로 삶의 가치와 좌표를 정하는 데 결정적으로 기여하게 된다. 특히 인문학적 상상력을 통해 한 개인과 개인을 둘러싼 세상의 여러 현실적 문제에 대한 답변 가능성을 확보할 수 있다는 점에서 인간과 세계에 대한 통찰을 가능하게 해주는 인문학을 근간으로 하지 않고서는 인간이 지향하는 미래 지향적 가치는 확보될 수 없다. 산업사회와 달리 현대 지식융합사회에서는 필요한 정보를 받아들여 이를 단순히 활용하는 것에만 그치지 않는다. 오히려 그러한 정보를 재구성하여 새로운 지식을 창출하고 응용하는 능력이 요구된다. 이것은 주어진 복합적인 문제를 해결하고 대안을 제시하는 것은 물론 그러한 지식을 통합하여 미래 지향적 가치를 확보하기 위한 능력이 요구된다는 것을 의미한다. 그러한 능력의 함양은 다름 아닌 인문학에서 비롯된다는 점을 충분히 미루어 짐작할 수 있다.

3. 인문학의 본래적 가치

최근까지도 마이클 센델의『정의란 무엇인가』와 셸리 케이건의『죽음이란 무엇인가』가 국내 베스트셀러 목록에 꾸준히 오르고 있는데, 이는 인문학에 대한 요구가 반영된 결과로 보인다. 특히『정의란 무엇인가』의 경우, '공정한 부의 분배는 가능한가'에 대한 물음과 부정의한 현실에 대한 성찰을 통해 자신과 무관할 수 없다는 현실 인식이 독자들의 공감을 불러일으킨 것 같다. 또한 경제뿐 아니라, 역사와 정치, 사회, 교육 등 모든 문제와 그 해결점은 결국 인간의 본성에 대한 해명으로 귀결된다는 사실이 인문학 열풍의 이유이기도 하다. 인문학은 상식적인 견지에서 당장의 효용성이 없는 비경제적인 학문으로 생각될 수도 있지만, 인간과 공동체의 본성 및 가치에 대해 해명하는 학문이라는 점에서 새로운 가치 창출의 토대가 되는 학문이다.

2000년대 이후 많은 인문학자들은 '인문학이 죽었다'고 종언을 고한 바 있다. 과학적 사고방식의 팽창과 물질지향주의, 기술 혹은 기능 우선주의의 확대가 인문학을 쓸모없는 학문으로 만들어 버렸다는 것이다. 이러한 현상에 대해 많은 인문학자들은 공감했고 인문학에 대한 잘못된 이해와 곡해는 결국 재앙을 불러일으킬 것이라 공언했다. 그래서 그들은 인문학이란 삶의 가치를 다루는 학문 영역으로, 인문학의 중요 분야인 문학이나 철학 그리고 역사학이 현실적인 문제를 해결해 줄 수는 없을지도 모르지만, 인생의 여정에서 어떠한 태도로 재화를 벌어야 하는지에 대한 가치를 깨닫게 해줄 수 있다고 역설한다. 따라서 양적 잣대로 학문의 효용성을 평가할 때, 인간의 삶의 질을 고양시키는 학문이라는 점에서 인문학은 평가 절하될 수밖에 없다고 주장한다.

물론 의미 있는 주장이고 이에 공감할 수 있는 측면이 없는 것은 아니지만, 그렇게 설득력 있게 받아들여지지 않는 것 또한 사실이다. "현재 우리는 어떤 시대에 살고 있는가? 그리고 세계 속 우리나라의 위상은 어떠한가? 현재 우리 국민의 의식 수준은 어떠한가? 미래 지향적인 국가 경쟁력을 어디에서 확보할 수 있을 것인가?" 이러한 질문에 대한 답변이 선행되지 않고서 마땅히 인문학은 존속되어야 한다는 식의 당위적인 주장만을 되풀이하는 것은 아무런 설득력이 없다. 우리가 풍요로워지고 빈곤에서 벗어나기만 하면 행복해질 것이라 생각하고 경제적 부를 위해 앞으로만 달려온 현실을 지금의 현실로 여긴다면 그것은 잘못된 판단이다. 물론 물질적 풍요로움이 가져다주는 우리의 삶을 생각했던 것보다 결코 행복하다고 할 수 없다는 주장이 틀렸다는 것은 아니다. 다만 인문학의 가치를 여기에 한정할 수 없다는 것이다. 왜냐하면 인문학이 지니는 가치가 생존이나 현실적 유용성이라는 측면과 결코 동떨어질 수 없기 때문이다.

역사적으로 인간의 삶의 문제와 무관한 학문이 존속했던 적은 없다. 물론 현실적인 효용성의 문제가 무엇이냐 하는 물음에 대해 그것이 미시적이냐 거시적이냐에 관한 것이 문제가 될 따름이다. 이는 인문학이 지니는 본래적 가치에 대한 인식이 부족하여 인문학이 지니는 경제적 가치가 미시적인 측면에서 잘 드러나지 않는다는 판단에서 기인한 것으로 보인다. 인문학은 실용 학문이나 경영학, 공학이 아니다. 순수 과학 없이 응용과학이나 실용 기술이 존재할 수 없는 것과 마찬가지로 순수 학문으로서의 인문학 없는 응용 학문은 존재할 수 없다. 그래서 순수 학문은 응용 학문뿐만 아니라, 거시적인 관점에서 인간의 삶에 영향을 미친다.

이 밖에도 "실제로 오늘날 우리에게 닥친 수많은 복합적인 문제들을 어떻게 해결할 것인가?"라는 물음에 대해 개별 학문에서 해답을 제시하지 못하는 것은 어떻게 보면 당연한 것일지도 모른다. 특히 미래 지향적 가치 확보와 관련된 문제라고 한다면, 그 해결 방안을 찾기 위한 대안으로 '인문학'을 요청할 수 있다. 인문학은 단순히 인간이 어떤 삶을 살아갈 것인가에 대한 방향을 제시하는 것을 넘어 인간이 추구하는 목적에 대해 그 좌표 역할을 해준다는 점에서 유용성을 갖기에 충분할 것이고 인문학 열풍 또한 이와 무관하지 않을 것이다.

4. 인문 교육의 힘

한 공동체 혹은 사회에서 가장 절실하고도 우선적으로 요구되는 목적은 무엇일까? 그것은 아마도 그 공동체에 속한 개개인의 안녕과 행복일 것이다. 이러한 목적을 달성하기 위해 인류는 끊임없이 안정된 질서를 만들고 이를 유지하려 노력해 왔다. 그리고 그러한 질서의 이면에는 예외 없이 계층의 구분이라는 방식이 있었다. 그런 점에서 인류 역사에서 공동체에는 어떠한 형태로건 계층이 존재해 왔다. 이른바 인문학을 공유한 계층과 그렇지 못한 계층이다. 인문학을 공유한 계층이 곧 지배계층을 형성해 왔지만, 이를 공유하지 못한 계층은 피지배 계층을 이루어 온 것이다.

현대 사회에서도 고급 교육의 혜택을 받은 소수가 전통적인 의미의 지배 계층을 대신하고 있다. 더욱 정확하게는 인문학으로 무장한 계층인 것이다. 이와 같이 인문학으로 무장한 계층은 인간과 세계에 대한 질서를 꿰뚫고 지식과 재산을 소유할 수 있는 능력을 지닌 계층이라고 할 수 있다. 예를 들어 이 두 계층을 국가에 비유하자면, 지배 계층은 인문학을 기반으로 한 국가로서, 전통적인 의미에서 식민지를 개척하고 이를 통치한 지배국, 그렇지 못한 국가는 피지배 계층이라고 할 수 있다. 이 말은 역설적이게도 후진국일수록 인문학 기반 지식이 허약한 국가라는 사실을 뜻한다.

인문 고전은 인류 역사를 새로 쓴 진정한 천재들이 자신의 모든 정수를 담아 놓은 지식의 보고인 셈이다. 현재 세계적인 명성을 얻고 있는 석학 중에 철학이나 역사를 외면하고 자신의 연구 분야에만 매달리는 사람들은 거의 없다. 그 이유는 새로운 원리를 발견하거나 창조하는 근간이 인문학에 기반을 둔 융합적 사고에서 비롯된다는 점, 즉 자연과학에서의 창의적 아이디어는 자연과학에서 주어지지 않기 때문이다. 어느 학문 분야가 되었건 제기되는 물음의 성격이 궁극적으로 어디에서 비롯되었는지를 확인해 보면 그 이유를 알 수 있다. 물론 그 귀결점 역시 마찬가지다.

과학 법칙의 출발점을 이루는 과학적 가설은 과학자들의 상상력의 산물이다. 말하자면 그들이 무엇을 어떻게 상상하느냐에 따라 어떠한 이론을 확보해 낼 수 있는지가 결정된다. 그러한 그들의 상상력은 어디에서 비롯되는가? 자연과학 영역 내에서는 그러한 상상력을 확보할 수 없다. 왜냐하면 인간과 그 공동체 그리고 세계에 대한 총체적인 안목과 통찰 없이는 그 어떠한 상상도 제한될 수밖에 없기 때문이다. 그래서 인류의 정신사를 이끌어 왔던 대부분의 선구자들은 인문학적 상상력에 기반하여 새로운 원리를 발견하거나 창의적인 아이디어를 제시한 후, 새로운 고전을 집필하여 후대에 남겼다. 물론 그러한 창조물은 인문 고전 필자들과 직간접적으로 정신적인 대화를 지속하면서 세상의 지혜와 진리를 터득하고 이를 발견해 나가는 교육을 받아왔기 때문에 가능했던 것이다.

우리나라 교육의 실상을 들여다보면 초·중·고를 합쳐서 무려 12년이나 교육을 받고 대학에 입학해서 또 다시 4년을 배우는데, 인간과 사회 그리고 세계를 꿰뚫어 볼 수 있는 능력과 창의력 넘치는 인재는커녕 심하게 말해서 바보가 되어 사회에 나온다는 지적이 이어지고 있다. 심지어는 대학원까지 졸업해도 마찬가지라는 말까지 나오는데, 우리는 이것을 어떻게 이해해야 하는가?

이에 대한 대부분의 지적은 창의적인 발상이 나오려야 나올 수가 없는 구조적 모순이 너무 많은 현행 교육제도에서 비롯되었다는 평가가 주류를 이룬다. 관점의 차이는 있겠지만 이것은 매우 중요한 지적이다. 왜냐하면 현행 교육 방식이 일방적인 지식 전달에만 치중할 뿐, 소크라테스식의 인문 고전 습득 방식에서 보여지듯 스승과 제자가 깊은 대화를 통해 진리 혹은 지혜를 터득하는 교육과는 거리가 멀기 때문이다.

이에 대한 이해를 위해 카를 비테식 '다른 교육'을 살펴보자.[1] 200여 년 전 독일의 한 시골 마을에서 목회를 하던 카를 비테(J. H. F. Karl Witte)에게는 비록 아들이 지능이 떨어지긴 하지만 '다른 교육'을 받으면 얼마든지 천재가 될 수 있다는 확신이 있었다. 두 살 때부터 카를 비테는 고전을 읽어주었고, 여덟 살 때부터는 혼자 그리스 로마 고전을 원전으로 읽게 했다. 카를 비테 주니어의 두뇌는 위대한 천재들이 집필한 인문 고전을 지속적으로 접하면서 기적처럼 변해갔다. 그는 고작 아홉 살에 라이프치히(Leipzig) 대학 입학 자격을 취득하고, 열세 살에 기센(Gießen) 대학 철학박사 학위를 취득하게 된다. 열여섯 살에는 하이델베르크(Heidelberg) 대학에서 법학박사 학위를 취득하고, 곧바로 베를린(Berlin) 대학 법대 교수로 임용되었다.

카를 비테의 '다른 교육'은 그동안 구속받던 교육체계에서 벗어나 지혜와 진리를 추구하는 진정한 배움의 세계로 들어갈 수 있음을 말해주는 좋은 사례다. 지식을 소유하는 것 그 자체로는 인간을 변화시키지 못한다. 삶의 근본적인 변화는 인문 고전에 기반을 둔 사물의 본질을 꿰뚫는 통찰력과 지혜를 통해 생겨나는 것이다. 즉, 카를 비테식의 '다른 교육'은 인문 고전 독서를 통해 근본적인 변화를 가능하게 했다는 사실을 이야기해주고 있다.

5. 인문학의 지식 생산성 및 가치 생산성

5.1 인문학의 지식 생산성

인문의 어원[2]이 그렇듯이 우리는 인문학을 통해 인간 자신에 대한 이해와 역사적 식견을 얻을 수 있으며, 이웃과 함께하는 사회 속에서의 의사소통 능력 그리고 자아를 개발할 수 있는 지혜를 기를 수 있을 뿐만 아니라, 상상력, 심미적 감성, 도덕적 판단력, 논리적 사고력을 배양할 수 있다고 믿기 때문에 인문학을 핵심적인 학문 영역으로 받아들인다.

이 말은 인간은 인문학 공부를 통해서만 진정한 의미에서의 인간다움이 실현될 수 있을 것으로 기대하기 때문이다.

일반적으로 문학·사학·철학(文史哲)을 통칭하여 인문학이라고 하는데, 이러한 인문학을 '기초학문'이라고도 한다. 기초학문은 사회 일선에서 직접 활용되는 학문이라기보다는 응용학문의 토대가 되는 학문이다. 기초학문으로서 인문학의 역할은 현재도 여전히 유지되고 있다. 그러나 오늘날의 사회과학이나 자연과학도 그렇겠지만, 인문학이 단지 기초학문이라 하더라도 응용학문을 위한 '기초'를 제공하는 역할만 하는 것은 아니다. 미국이나 유럽의 유수 명문대학의 경우, 대부분 기초학문으로 학부가 이루어져 있어 인문학부만을 수료하고도 곧장 사회 일선에 투입된다. 이는 필시 사회에서 요구되는 역량을 확보하는 것이 인문학을 통해서만 습득될 수 있다는 의미를 함축하는 것으로 이해할 수 있다.

그렇다면 이러한 인문학에 기반을 둔 기초학문을 통해 어떠한 능력을 습득하게 되는 것일까? 이를 핵심 역량이라고 했을 때, 이러한 역량은 인문학을 비롯한 기초학문이 갖는 성격을 통해 그 의미를 짐작할 수 있다. 인문학은 창의적 발상을 이끌어내는 상상력과 통섭(通涉)[3]의 자양분이다. 문학은 언어와 인간 모델의 보고(寶庫)이며, 역사는 체험의 보고다. 또한 철학은 그 모든 것을 관통하는 정신이다. 경영은 철학, 문학, 종교, 역사와의 통섭을 통해 지속 가능한 경영을 이끄는 경영 이념, 리더십, 인재 경영, 마케팅 전략, 고객 관리, 사회적 책임의 방향을 제시한다. 인문학은 다양한 지식과 경험을 서로 연결시켜 새로운 가치를 창출하는 상상력의 원천인 셈이다.

"애플의 DNA에는 기술뿐만 아니라 인문학이 녹아 있다."는 스티

브 잡스의 발언은 과거에는 존재조차 하지 않았던 것을 창조해 내고, 이를 통해 사람이 살아가고 세상이 돌아가는 방식을 근본적으로 변화시킨 원동력이 인문학을 근간으로 한다는 의미일 것이다. 즉, 현대 첨단 산업의 근간으로 꼽히는 문화 산업에서 문화 콘텐츠를 만들어 낼 수 있는 힘의 원천이 되는 상상력이나 창의력의 근간이 다름 아닌 인문학에서 비롯된다는 의미로 해석할 수 있다. 이는 모든 기술적 혁신이 기술 그 자체를 넘어서는 상상력과 통찰력을 전제로 한다는 것을 뜻한다.

원천기술의 개발에 기초과학이 중요한 것처럼 문화 산업의 발전에 인문학의 중요성이 더욱 높아지고 있다. 이제 문화 산업에서 인문학을 기반으로 하지 않고서는 경쟁력 있는 상품을 만들어 낼 수 없는 시대임이 분명하다. 국가경쟁력 제고 차원에서 문화 산업이 가장 중요한 국가산업이 되어가는 만큼 인문학의 중요성은 더욱더 커지고 있다. 그렇다고 인문학만을 앞세우자는 말은 아니다. 어떻게 보면 실용학문을 중시하는 풍조는 자연스러운 현상일 수 있다. 하지만 인문학의 역할을 응용학문이 대신할 수는 없다. 물론 그 역으로도 마찬가지다. 상호 유기적인 조화 속에서 지식 생산성을 확보해야 한다. 인문학의 인기는 날로 줄어들고 있지만, 이를 방치하는 것은 옳지 않다. 만약 이를 방치할 경우 국가경쟁력은 물론 투명한 미래도 확보할 수 없기 때문이다.

5.2 인문학의 가치 생산성

인문 교육은 개인적 차원에서뿐만 아니라 국가적 차원에서도 살펴볼 필요가 있다. 동양의 정치, 문화, 예술 등이 고대 중국에 뿌리를 둔 것처럼 서양은 고대 그리스에 뿌리를 두고 있다. 고대 중국과 그리스의 공통점은 문학, 역사, 철학 고전을 집필하고 이를 전파한 국가라는 점, 그리고 당시 세계에서 최강국의 위치에 있었다는 점이다. 플라톤(Platon)은 「프로타고라스 편」에서 다음과 같이 언급하고 있다.

> "이 지방(스파르타) 사람들은 자신들이 다른 그리스인들보다 뛰어난 것은 지혜로 인한 것이 아니라 싸움과 용기로 얻은 것이라고 인식시키려 하였습니다. 그들이 뛰어난 이유가 상세히 밝혀지면 모든 사람이 지혜를 갖추려 애쓸 것이라고 생각했습니다. 지금도 이 비밀은 잘 지켜져 여러 나라에 흩어져 있는 스파르타 예찬가들은 거의가 그들의 계교에 넘어갔습니다. 그들은 권투를 하거나 가죽 끈을 손에 감고 운동에 열을 올리거나 짧은 외투를 몸에 걸치거나 하여 그들의 흉내를 내었습니다. 왜냐하면 그로 인해 스파르타인들이 모든 그리스인들 앞에서 우월한 지위를 차지하고 있다고 생각했기 때문입니다."[4]

고대 그리스의 폴리스 중 가장 강력한 국력을 자랑했던 '스파르타', 스파르타 하면 어떤 국가로 인식되는가? 군사적인 측면을 포함한 과두정치, 강인함, 강력한 국가로만 생각할지도 모른다. 하지만 우리의 생각과 달리 전쟁을 위한 체력 단련보다는 학문을 숭상하고 철학을 보다 더 사랑했다는 사실을 확인할 수 있다. 위에 플라톤의 「프로타고라스 편」에 나오듯이 실제로 탈레스, 솔론 등과 같은 고대 그리스의 7현인이 부러워하며 칭송할 정도로 최고의 철학 및 변론 교육을 실시했던 폴리스가 바로 스파르타였다.

고대 중국 역시 아시아에서 가장 많은 인문학 고전이 쏟아져 나왔고 인문 고전 독서의 전통 역시 가장 확고하게 세운 민족으로 꼽힌다. 그 다음으로 인문 고전을 업으로 삼은 아시아 민족을 들라면 당연히 우리 민족을 들 수 있다. 예를 들어, 세종대왕은 백성 개개인의 지적 수준을 변화시킬 수 있는 방법에 대한 답을 인문 고전 독서에서 찾았다고 한다. 이에 『자치통감』[5]을 대량으로 인쇄해서 전국에 배포하라는 명을 내렸고 노인들 또한 읽을 수 있도록 큰 활자를 주조해서 책을 제작한 것으로 전해진다.

인문 고전 독서를 업으로 삼아왔던 중국 및 한국과 달리 옆 나라 일본은 미개하기 이를 데 없는 섬나라로 치부되곤 한다. 하지만 그런 일본이 어떻게 아시아 최대강국으로 탈바꿈하고 세계 경제 대국으로 성장할 수 있었을까? 메이지 유신의 아버지이자 일본 근대화의 선구자인 후쿠자와 유키치(福澤諭吉)의 '인문 고전 독서 사랑'이 곧 그 성장의 이유라 말해도 과언이 아니다. 그는 지독한 인문 고전 독서를 통해 근본적으로 자기 자신을 변화시키고 난 후 서양 학문을 받아들여 메이지 유신의 사상적 토대를 닦았고, 그의 사상을 물려받은 제자들이 주도적으로 동양 고전, 서양 고전을 번역하여 일본 국민들에게 대량 공급하게 된다. 우리는 메이지 시대에 국가 주도로 이루어진 인문 고전 독서 열풍이 현재까지 이어지고 있다는 사실에 주목할 필요가 있다.

일본 중등교육이 어떻게 이루어져 왔는지 1930년대 일본 고등학교 교육의 사례를 통해 살펴보자. 제1고교 학생들은 3년 동안 매주 열 시간 이상 외국어 수업을 받았다. 라틴어가 필수 공통 과목이었고 영어, 독어, 불어 중 두 과목이 선택 과목이었다. 외국어 수업이 많았던 이유는 서양 고전 원전을 국어처럼 술술 읽는 능력을 기르기 위해서였다. 제2고교는 모든 신입생이 칸트(I. Kant)의 『순수이성 비판』을 읽고, 모든 재학생이 최소 하루 한 권 이상의 인문 고전을 읽고 독서일기를 쓰는 전통이 있었다. 관련 자료에 따르면 당시 일본의 명문 고교와 대학생들은 독서일기를 쓰는 습관이 기본적으로 몸에 배어 있었는데, 고등학교와 대학교를 다니는 동안 4,000권 이상의 책을 읽고 독후감을 쓰는 경우가 평범한 사례에 속할 정도였다고 한다. 덕분에 일본의 정계, 관계, 재계는 이미 학창시절에 그리스, 로마, 유럽, 중국, 인도, 일본의 인문 고전을 읽은 인재들을 무한정 공급받을 수 있었고 국력을 혁명적으로 신장시킬 수 있었던 원천이 되었던 것이다.[6]

일본은 국가가 나서서 인문 고전 독서를 독려하거나 교육을 실시하였고, 그 결과 짧은 시간 내에 선진국으로 도약할 수 있는 기반을 마련했다. 식민정책이며, 독도 문제 등을 지속적으로 거론하여 우리에게는 달갑지 않은 나라지만, 인문학 교육으로 다져진 인재의 산실이라는 점에서 우리는 이들의 인문학 교육 현실에 주목할 필요가 있다.

인문학 교육과 관련하여 우리는 역사적 단절을 경험한 국가다. 일제강점기와 미군정 시기를 거치면서 우리는 자신의 눈으로 세계를 바라보고, 이해하고, 분석하고, 평가할 수 있는 시기를 놓쳤다. 그래서 그 이유도 모르는 채, 우리는 지배자의 뜻에 따라야만 하는 교육을 받아 온 것이다. 이를 인문학의 단절이라고 했을 때, 이러한 단절을 계속 받아들이고 있을 수만은 없는 노릇이다. 그러기에는 시간이 그리 많지 않다. 이러한 단절을 극복하는 데 어느 정도의 대가를 지불한다고 할지라도 우리는 그 대안을 찾아야만 한다. 그래야만 소위 인문학의 위기라 일컫는 일련의 상황을 긍정적으로 해석할 수 있는 근거가 마련될 수 있을 뿐만 아니라, 이 또한 인문학 제자리 찾기의 일환으로 받아들일 수 있기 때문이다.

인문학 제자리 찾기를 통해 그동안 단절되었던 인문학 교육을 이어주고, 산업화 시기에 맞는 사고의 틀을 넘어 지식융합사회에서 미래 지향적 가치를 창출해 낼 수 있는 사고로의 전환이 절실히 요구되는 시점이다. 이러한 일련의 가능성을 인문학 교육에서 찾아야 하는 이유는 분명해 보인다.

인문학의 제자리 찾기라는 과정을 감안한다고 하더라도 인문학의 가치에 대한 인식 부족과 교육에 대한 편의주의적·기회주의적 발상은 인문학 교육의 부실을 오히려 조장하고 있는 것으로 비쳐진다. 더군다나 인문학 교육의 필요성과 의의를 인정하더라도 구체적으로 어떻게 해야 하는지에 대한 방법론이 아직도 마련되어 있지 않은 현실은 사실상 변명에 불과할 수 있다. 인문학 제자리 찾기는 결국 미래 지향적 가치 확보의 문제라는 점에서 우리의 미래와 직결된 사안이다. 4년 동안의 커리큘럼이 100권의 고전에 대한 토론뿐인 세인트존스 대학(St. Johns college)은 인문학 교육을 통해 뉴욕의 월가를 지배하는 인재들을 산출한 대학으로 유명하다.[7] 인문 고전에 대한 교육을 통해서 세계적인 대학이 된 세인트존스 대학은 입시 위주의 교육에 묻혀 있는 우리의 중등교육과 취업률이나 외부의 평가 지표에 끌려다니는 고등교육 현실을 되돌아보게 한다.

1 이지성, 『리딩으로 리드하라』, 문학동네, 2012, 61~67쪽.

2 "천문을 관찰하여 이로써 때의 변화를 살피고, 인문을 관찰하여 이로써 천하를 교화시켜 간다(觀乎天文 以察時變 觀乎人文 以化成天下; 『주역〔周易〕』 산화비괘〔山火賁卦〕).", 인문에 대한 학문(學問), 곧 인간다움에 대해 배우고 물음은 인간다움의 덕을 "배움으로써 모으고, 물음으로써 변별함(學以聚之 問以辨之; 『주역〔周易〕』 건위천〔乾爲天〕)"을 이를 것이다.

3 통섭(通涉): 사물에 널리 통함, 서로 사귀어 오감.

4 플라톤 저, 최현 역, 『프로타고라스』, 범우사, 2002, 93쪽.

5 중국 북송(北宋)의 사마광(司馬光: 1019~1086)이 1065년~1084년에 편찬한 편년체(編年體) 역사서.

6 이지성, 2012, 47~53쪽.

7 로렌 포프 저, 김현대 역, 『내 인생을 바꾸는 대학』, 한겨레출판사, 2008, 438~453쪽.

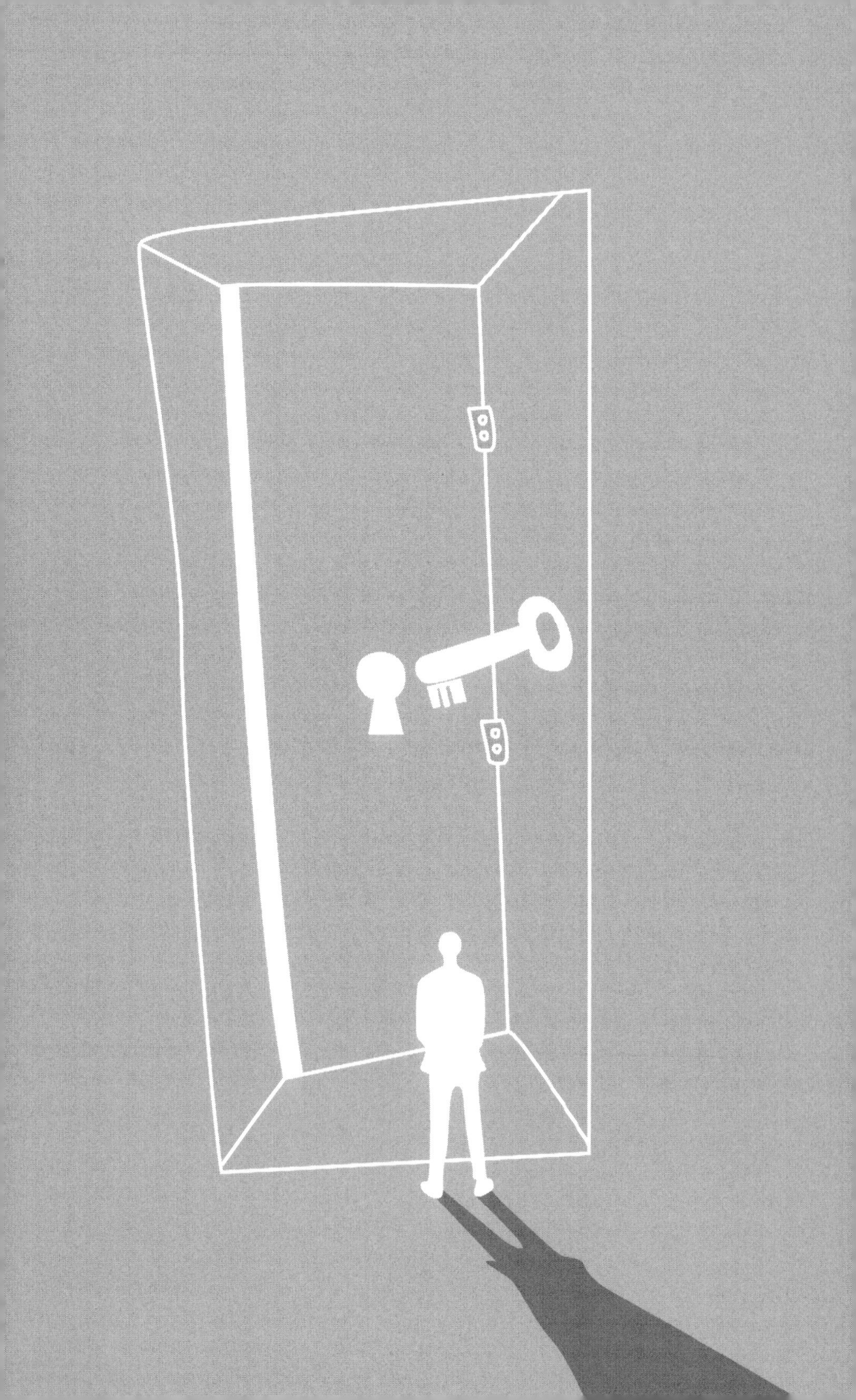

| 제2장 |

어떻게 철학을 할 것인가

1. 철학은 말씨름?

철학적 문제들은 그 자체로도 매우 흥미롭다. 철학적 문제들은 우리가 지니고 있는 많은 일상적인 신념들의 토대를 이루고 있는 가정(假定)들에 대해 다루고 있다. 일반적으로 우리는 자기 신념의 토대를 이루고 있는 가정들이 속속들이 밝혀지는 것을 원하지 않는다. 왜냐하면 그럴 경우 우리는 자연적으로 일종에 불안감을 느끼기 때문이다. 그런데 바로 이러한 일상적인 신념의 토대를 이루고 있는 가정들이 철학적 분석을 위한 소재가 된다. 그러한 가정들이 비판적으로 검토되었을 때, 그 가정들이 지니는 의미와 내용이 그렇게 확고하거나 명확하지 않다는 점이 드러나게 된다. 철학자들은 그러한 검토 작업을 통해 인간에 대한 이해를 확대시켜 나간다.

또한 인간은 자신의 믿음 혹은 신념이 낱낱이 발가벗겨지는 것을 몹시 싫어하기 때문에 이를 받아들이려 하지 않을 수도 있다. 우리가 어떤 일에 집중하고 있을 때, "당신은 왜 그러한 일을 수행하고 있는가? 당신이 추구하고 있는 목적이 진정한 목적이라고 확신하는가? 당신이 현재 하고 있는 일이 자신이 확신하는 이념이나 도덕원리에 어긋나는 것은 아닌가? 당신이 신봉하는 가치들이 서로 상충되는 것은 아닌가?" 등과 같은 질문을 계속해서 던진다면, 그것은 그 행동을 가로막을 뿐만 아니라 궁극적으로 그 행위를 중단시켜버리고 말 것이다. 결국 궁지에 빠졌을 때 우리는 때로 그에 대해 정면으로 직시(直視)하지 못하고 자신의 시선을 다른 곳으로 돌림으로써 그 책임을 국가나 사회 공동체 혹은 자신이 속한 집단에 전가하려 할 것이다.

하지만 이럴 때 우리가 반드시 해야 할 것은 그러한 문제들에 대해 회피할 것이 아니라, 이를 명확하게 직시하는 일이다. 플라톤은 그의 『대화편』에서 "따져보지 않은 삶은 살만한 가치가 없다."고 지적하고 있다. 물론 사회에 속한 모든 사람이 회의적인 지식인이 되어 자신의 신념의 토대를 이루는 가정들에 대해 끊임없이 따지기만 한다면, 실천을 행하는 사람은 아무도 없게 될지도 모른다. 그렇지만 다른 한편으로 신념의 가정들에 대해 검토하지 않은 채 그냥 내버려 둔다면, 사회는 경직되고 신념은 독단으로 변해버리며 상상력은 메말라 우리의 지성은 의미 없어지게 될 것이다. 우리 사회가 검토되지 않은 경직된 독단으로 굳어져 버릴 경우, 그 어떠한 진보나 발전도 기대할 수 없다.

그러나 상상력과 지성이 살아 움직이려면, 정신적인 삶이 퇴조하지 않으려면, 그리고 진리 혹은 정의에 대한 추구가 멈추지 않으려면, 그 가정들은 검토되어야 하며, 인습과 전통에 따른 그 어떤 주장이나 이론 역시 도전을 받아야만 적어도 사회는 살아 움직일 수 있을 것이다. 인간과 사상은 반드시 검토되고 비판이 이루어져야 진보할 수 있으며 새로운 신념 체계를 확보할 수 있다. 인류의 진보와 발전 역시 바로 여기에 달려 있다고 해도 과언이 아니다. 주어진 것들에 대해 의문을 제기하고 그 답변이 무엇인가에 대해 궁극적으로 탐구하는 학문이 바로 철학이다.

플라톤의 『대화편』은 일상적인 견해들을 당연하게 받아들이는 데 대해 의문을 제기하는, 진지한 노력을 보여주는 좋은 사례다. 역사적으로 위대한 모든 철학자들이 바로 이러한 노력을 기울여 왔다. '권리(權利)'라는 사례를 통해 살펴보자. 도대체 권리가 무엇인가에 대해 일반 사람들을 붙들고 묻는다면, 모두가 도대체 어떻게 답해야 할지 갑자기 멍한 상태가 되고, 그에 대해 분명한 답변을 하기 어려워 쩔쩔대고 말 것이다. 그는 물론 타인의 권리를 빼앗는다는 것이 무슨 의미인지에 대해서는 알 것이다. 그리고 이런저런 권리가 타인에 의해 부정되거나 무시되고 있다는 것도 알 것이다. 하지만 이때 다음과 같은 질문들을 던질 수 있다.

"권리가 무시되고 부정된다는 것이 정확하게 어떤 것입니까? 그것은 당신이 태어나면서 이미 가지고 있던 것입니까, 아니면 물려받은 것입니까? 혹은 그것이 당신에게 귀속되어 있는 것입니까? 귀속된 것이라고 한다면 인간의 본성에 따른 것입니까? 그렇지도 않다면 누군가가 당신에게 부여한 것입니까? 부여한 것이라면 누가 어떤 방법으로 부여한 것입니까? 권리란 타인에게 줄 수 있는 것입니까? 그렇다면 남으로부터 빼앗고 빼앗길 수도 있는 것입니까? 누군가에게 빼앗길 수 있다면, 무슨 권리로 그럴 수 있는 것입니까? 그렇다면 당신은 권리를 잃어버릴 수도 있는 것입니까? 생각하고 숨을 쉬고 어떤 것을 선택할 수 있는 것이 타고난 능력에 속하듯이 권리도 그와 같이 타고난 능력에 속하는 것입니까? 그것이 곧 자연권(自然權)이라고 말하는 것입니까? 그렇다면 여기에서 말하는 '자연'이란 무엇을 의미하는 것입니까? 그리고 그러한 자연권을 당신은 어떻게 아는 것입니까?"

역사적으로 사람들은 권리가 무엇인가에 대해 서로 다른 다양한 견해를 표명해 왔다. 예를 들어, 17세기 사람들이 권리에 대해 많은 논의를 펼쳐 온 사실을 확인할 수 있다. 영국에서 시민전쟁이 발발했을 때, '왕의 신권(神權)이 과연 존재하는 것인가'에 대한 문제가 중심이 되었다. 오늘날 우리는 그렇다고 생각하지 않지만, 당시 사람들은 그것을 확신하기도 했다. 말하자면 왕은 신에게 특별한 권리를 부여받은 존재라고 믿었기 때문이다. 물론 또 다른 사람들은 그러한 권리가 존재한다고 생각하지 않았으며, 그런 신권이란 신학자들이 조작해낸 것이라고 여기기도 했다.

그렇다면 그들은 왜 이러한 주장을 펼쳤을까? 왜 쌍방이 서로 다른 논증을 펼친 것일까? 그러한 논증을 통해 과연 사람들을 설득시켰을까? 17세기 말 프랑스에서 한 문필가는 다음과 같은 의문을 제기한다. 만일 프랑스 왕이 자신의 부하들을 영국의 왕에게 양도한다면, 그 신하들은 그에 대해 어떻게 생각할 것인가? 그 문필가가 답변한 내용의 요점은 다음과 같다.

"신하들은 아무것도 생각할 여지가 없다. 단지 그들이 해야 할 것은 그에게 복종하는 것뿐이다. 왜냐하면 그들은 신하이기 때문이다. 왕에게는 자신의 신하를 자기 마음대로 처분할 권리가 있다. 왕의 결정에 대해서 신하가 이러쿵저러쿵 따지게 내버려 둘 수 있다는 생각 자체가 왕에 대한 모독이다."

물론 오늘날 우리는 이러한 생각을 결코 받아들이지 않는다. 왜냐하면 당시 사회의 수직적 질서를 믿는 사람들이 이러한 생각을 지니고 있었기 때문이다. 다시 말해, 이들은 물리적 세계나 정신적 세계에 어떤 위계질서가 있기 때문에 모든 사람은 이러한 위계질서 안에 놓인 자신의 고유한 기능을 가지고 있고, 그러한 기능을 수행한다는 견해를 수백 년 동안이나 신봉해 온 것이다.

하지만 몇몇 사상가들이 등장하면서 이러한 믿음은 서서히 바뀌기 시작했다. 그들은 수직적 질서의 그릇됨을 지적하면서 그와 같은 위계질서는 존재하지 않는다고 주장한다. 그래서 모든 인간은 평등하고, 태어날 때부터 서로 다르지 않으며, 자연적 요구와 능력 그리고 욕망을 지니고 있을 뿐만 아니라, 남에게 빼앗길 수 없는 권리를 지니기 때문에 권리에 있어서 모두 동등하다는 주장을 펼치게 된다.

이러한 권리를 둘러싼 사례를 통해 살펴보았을 때, 무엇보다 중요한 측면은 논쟁을 벌이면서 양쪽이 제시하고 있는 논증들이 바로 철학의 주제라는 사실이다. 말하자면 철학 이외에 그 어떠한 학문에서도 이러한 문제를 다룰 수는 없다는 것이다. 바로 이것이 오랜 세월 사람들이 고민해 온 문제이며, 이러한 문제를 두고 수많은 전쟁과 혁명이 발발한 것이다.

하지만 혹자는 다음과 같은 물음을 제기할 수 있다. "앞에서 언급한 것이 옳기는 하지만, 결국 말씨름에 불과한 것이 아닌가? 추상적인 논변에 불과하기 때문에 우리의 실생활과 아무런 상관도 없을 뿐만 아니라, 실제 사는 과정에서 그런 문제를 가지고 골머리를 앓을 필요가 있겠는가? 그러한 문제에 빠져들어 봤자 결국 불행에 빠져들 것이 아닌가?"

물론 이와 같은 철학적 문제에 빠져들 경우, 결국 불행에 빠질 소지는 얼마든지 있을 수 있다. 그럼에도 불구하고 한 가지 분명한 사실은 그러한 문제를 붙들고 해결하지 않고는 못 견디는 사람들이 있다는 것이다. 우리가 왜 현재와 같은 모습으로 살아야 하는지, 그리고 주어진 문제를 왜 그대로 묻어두어서는 안 되는지에 대해 그들은 파헤치려고 하는데, 이것은 근본적으로 자연적인 인간의 본성에서 비롯된다. 특히 상상력이 풍부하고 예지가 있는 사람은 더더욱 그러한 지적 요구를 저버리지 못한다. 분명 말씨름으로 받아들일 수도 있겠지만, 이 경우의 말씨름은 말장난에 그치는 그러한 말씨름이 아니다. 말, 즉 언어는 자신의 사상을 겉으로 드러내는 것이다. 언어는 경험을 표현하고 경험을 서술하며, 또한 경험을 변화시킨다. 이러한 변화는 한 공동체와 사회의 삶을 근본적으로 변화시키는 힘으로 작용하는 원동력이 된다.

2. 철학과 도덕적 딜레마

도덕에 관한 철학적 물음에 초점을 맞추어 철학의 본성에 대해 구체적으로 살펴보자. 제2차 세계대전에 대한 사례를 통해 여기에서 철학적 물음이 어떻게 제기되는지에 접근하면 다음과 같다. 당시 영국군 정보장교였던 테일러는 프랑스에서 근무하고 있었는데, 2차 대전이 끝나갈 무렵에 프랑스 레지스탕트들이 붙잡은 프랑스인 반역자를 심문하는 일을 맡게 되었다. 그 반역자는 나치의 비밀경찰을 위해 일했고, 레지스탕트들은 그를 사형에 처하려는 상황이었다. 정보장교 테일러는 처형하기 전에 그를 심문할 것을 요청했다. 그 이유는 그 반역자가 아마도 수많은 무고한 사람이 처형되거나 고문당하는 것을 막을 수 있는 어떤 정보를 가지고 있을지도 모른다고 판단했기 때문이다. 그래서 그는 이 나치 비밀경찰 첩자를 만나서 중요한 정보를 캐기 위해 질문을 던졌고, 이 첩자는 다음과 같이 말했다. "내가 무엇 때문에 당신의 질문에 답변을 해야 합니까? 당신이 내 생명을 보장해 준다면 몰라도 말입니다. 나는 레지스탕트들이 내일 나를 처형하려는 것을 알고 있습니다. 그러니 당신이 내 목숨을 보장해주지 않는다면 나는 더 이상 말하지 않겠습니다."

이러한 상황에서 영국군 정보장교는 과연 어떻게 해야 할 것인가? 정보장교로서 그의 임무는 가능한 한 많은 정보를 캐내는 일일 것이다. 이른바 수많은 무고한 사람들의 목숨이 달려 있을지도 모르는 정보를 입수하는 것이다. 하지만 그렇게 하려면 그는 거짓말을 해야만 한다. 여기에서 "당신의 생명을 보장하도록 최선의 노력을 기울이겠습니다."와 같은 말은 그 첩자에게 아무런 의미도 없을 것이다. 영국군 정보장교 테일러는 그 첩자의 처형을 막을 방법이 전혀 없다는 것을 잘 알고 있다. 게다가 테일러가 "당신이 중요한 정보를 내게 말해준다면 당신의 목숨을 지켜줄 것입니다."라고 설득력 있게 말했다면, 그 첩자는 나중에 속았다는 것을 알고 숨을 거두면서 정보장교에 대해 저주를 퍼부었을 것이다.

이것이 도덕적 문제가 개입된 사례라고 할 수 있다. 공리주의적 관점에서 거짓말을 하는 것이 인간의 행복을 증진시키거나 인간의 불행을 감소시킨다면 당연히 거짓말을 해야 한다고 말할 수도 있을 것이다. 그리고 이러한 결론은 군대 의무나 애국적 의무를 최고의 가치로 받드는 (특히, 전쟁 시에) 사람들도 받아들일 것이다.

하지만 이와는 다른 입장도 있을 수 있다. 종교적 계명을 절대시하는 입장이나 양심의 소리를 중시하는 입장, 그리고 인간과 인간의 관계를 중시하는 입장 등을 고려한다면, 죽음을 앞 둔 사람에게 어떻게 그와 같은 뻔한 거짓말을 할 수 있겠는가? 그가 한 인간으로서 대접받지 못할 행위를 한 것인가? 그렇다면 그 첩자는 인간이 지닌 최소한의 권리조차 없다고 해야 하는가? 예를 들어, 한 어린아이의 희생으로 수많은 사람이 행복해진다고 하더라도 이를 거부하겠다는 외침이 있다고 했을 때, 이 말이 분명하게 틀린 것이라고 보아야 하는가? 아마도 공리주의자들은 충분히 그럴 수 있다고 받아들일 것이다. 하지만 우리 모두 그렇게 생각하지는 않는다. 말하자면, 앞으로 어떠한 사태가 벌어질지는 모르겠지만, 어린아이에 대한 희생은 결코 받아들일 수 없으며, 그런 점에서 어떠한 희생을 치르더라도 우리가 해서는 안 되는 일이 있기 때문이라고 답변할 것이다.

여기에서 우리는 두 가지 철학적 견해가 대립하고 있다는 점을 알 수 있다. 하나는 공리주의적 견해, 다른 하나는 절대적이며 보편적인 도덕률을 인정하는 견해다. 물론 도덕철학(윤리학)의 임무가 이 두 입장 가운데 어느 하나를 선택하라고 강요하는 데 있는 것은 아니다. 도덕철학의 역할은 도덕적 문제에 포함되어 있는 쟁점과 그 가치가 무엇인가에 대한 의견을 제시하고, 서로 다른 다양한 결론을 내리게 되는 논증의 절차가 무엇인지에 대해 검토하며, 서로 상충하는 삶의 양식들에 대해 분명히 밝히고, 우리가 선택하게 되는 삶의 목적과 그에 따라 감수해야 할 것이 있다면 그것이 무엇인지를 드러내는 데 있다.

결국 인간은 자신이 옳다고 여기는 바에 따라 행동하며, 그에 따른 책임을 스스로 지게 되는 것이다. 인간의 선택은 어떤 원칙에 따를 때 합리적인 것이 되며, 그가 달리 행동할 수 있을 때 그의 선택은 자유로운 의지에 따른 선택이 될 것이다. 물론 그러한 선택적 행위가 때로는 매우 고통스러운 것이 되기도 한다. 아마도 심사숙고하지 않은 채 그저 누군가의 지시나 명령에 따르는 것이 오히려 수월할 수도 있을 것이다.

3. 철학적 물음과 답변의 성격

현대 철학자들 가운데 몇몇은 오직 언어에 대한 분석에만 관심을 두고 있어서 일반 대중들에게 기여하는 바가 전혀 없는 것으로 비치기도 한다. 왜냐하면 사람들은 철학자들이 하는 행위가 일반 대중과 아무런 상관이 없다고 여길 뿐만 아니라, 이때 철학자들이 하는 일은 사전 편찬자나 문법학자들이 하는 일과 조금도 다를 바가 없다고 생각하기 때문이다.

그럼에도 불구하고 철학자들은 언어에 관심을 두고 있다. 왜냐하면 우리가 생각하는 것은 말에 의해 이루어지고, 또한 말 자체가 때로는 하나의 행위라고 그들은 믿기 때문이다. 그러므로 언어에 대한 검토는 곧 사상에 대한 검토이며, 그것은 또한 우리의 사고방식과 삶의 양식에 대한 검토라고 받아들인다. 우리는 답변하기 어려운 문제에 직면했을 때, 다음과 같은 물음을 제기하는 것으로부터 문제에 접근하지 않을 수 없다.

"도대체 이 물음은 어떤 종류의 것인가? 우리가 찾고자 하는 답변은 도대체 어떤 것인가? 그것은 이런 종류의 질문인가 아니면 저런 종류의 질문인가? 그것은 사실에 관한 물음인가 아니면 가치에 관한 물음인가? 그것도 아니라면 복합적인 질문인가? 그것도 아니라면 그 어느 것도 아닌 것인가?"

이와 같은 개념들과 범주의 종류를 가려내는 작업은 매우 어려운 일임이 분명하다. 모든 위대한 철학자들이 일반인들이 어떻게 판단하든 상관없이 그러한 일을 수행해 왔으며, 지금도 수행하고 있다. 이것을 '언어의 혼란을 제거하는 작업'이라고 할 수 있는데, 언어의 혼란은 사람들의 사고를 엉망으로 만들 수 있으며, 궁극적으로는 우리를 무지(無知)로 몰고 갈 수도 있다.

언어의 혼란은 경험적인 사실에 관한 것일 수도 있고 그렇지 않을 수도 있다. 유대인, 집시, 흑인 등과 같은 하위 인간은 사회에 매우 위태로운 존재이므로 없애버려야 한다는 나치의 생각은 부분적으로는 인간 행위의 본성에 관한 그릇된 경험적 생각에 뿌리를 두고 있음이 분명하다. 그러나 하위 인간이란 관념, 그 하위 인간이 뜻하는 바가 무엇인지에 대한 생각, 그러고 그 하위 인간의 관념과 관련하여 인간 존재는 무엇이며, 무엇이 열등하고 무엇이 우월한 것인가에 대한 생각, 그리고 이 생각으로부터 따라 나오는 열등한 것은 죽이거나 고문을 해도 정당하다는 생각 등은 철학적 문제와 관계된 것이지 경험적인 문제는 아니다. 이러한 철학적 문제들은 사소한 문제요, 단순한 말씨름에 불과하다고 불평하는 사람이 있다면, 그는 우리의 삶이 이러한 문제와 얼마나 깊이 연관을 맺고 있는지에 대해 깊이 성찰해 보아야 할 것이다. 이러한 문제는 정규직,

비정규직이라는 구분에 따른 인간적 대우의 차등 적용이라는 우리의 현실과도 무관하지 않다.

그렇다면 '철학자들이 언어의 용법을 분석함으로써 대중들을 언어의 마술로부터 해방시킨다'는 주장이 제기될 수 있다. 물론 그렇다면 이것이야말로 인류에 대한 큰 공헌이 아닐 수 없는데, 바로 이것이 언어의 본래 용법을 가리려고 하는 사람들이 이런 언어 분석가들을 매우 위험한 존재로 보는 이유다. 언어를 분석하면 그 언어의 마술적인 영향력이 감소할 것이라는 점에서 그들은 두려워할 것이다. 그 힘은 모두 그들의 글이나 강의 등을 통해 나오는데, 언어가 철학적 활동을 통해서 현실과 연결되는 방식은 매우 복잡한 양상으로 전개된다. 앞에서 사례로 든 '권리란 무엇인가'와 같이 언뜻 보기에 매우 평범한 질문에 속하는 것도 결국 말의 의미 혹은 쓰임에 대한 탐구의 하나이며, 추상적인 것들에 대한 탐구인 것이다. 그렇다면 '권리란 무엇인가'와 같은 질문은 어떤 종류의 물음에 속하는가?

당신이 권리 가운데에서 행복에 대한 권리를 가지고 있다는 것을 상대가 받아들일 수 있도록 설득하기 위해 어떤 논증을 펼쳐야 그들이 알 수 있는지에 관한 것이다. 예를 들어 누군가가 루터(중세 종교개혁가)에게 "인간은 행복해질 권리가 있다. 인생의 목적은 행복이다."라고 말했을 때, 루터는 "행복? 아니야, 고통! 고통! 십자가! 십자가!"라고 외쳤다는 일화가 전해진다. 이것은 대단히 많은 사람이 자기의 인생을 걸고 믿는 기독교의 현실 인식에 대한 한 형태로서, 그 밑바닥에서 우러나온 표현이었을 것이다.

이것은 결코 사소한 것이라고 할 수 없다. 물론 여기서 우리가 중요하게 다루고 있는 것은 말, 그것도 핵심적인 언어라고 할 수 있다. 아마 어떤 사람은 루터의 말에서 '십자가'라는 말이 무엇을 뜻하는지 또는 '고통'이라는 말이 무엇을 의미하는지에 집중할지 모르지만, 이것이 초점은 아닐 것이다. 말하자면, 이런 말들이 루터나 그와 유사한 사람들에게 무슨 의미를 지니고 있는지를 알아보기 위해 굳이 사전을 펼칠 필요는 없다.

하지만 말의 의미를 명확하게 규명하려는 것이 아니라고 한다면 무엇에 대해 탐구하려는 것인가? 또한 그 오랜 세월 동안 끊임없이 이 물음에 대한 답을 찾아왔으면서 모두가 받아들일 수 있는 답변을 찾지 못한 것은 아닌가? 그렇다면 이러한 물음들 자체가 이상하다는 점을 넘어 답변이 존재하지 않는 것은 아닌가?

그러면 다음과 같은 물음을 제기해 보자. "그렇다면 어떤 종류의 물음이 답변 가능한 질문일 수 있는가?" 지나치게 단순화하는 데서 발생하는 오류의 가능성을 염두에 두고서라도 간단히 말한다면, 원칙적으로 —실제로는 반드시 그렇지 않더라도— 확실하게 답변 가능한 물음에는 두 가지가 있다. 그 하나는 일상적인 경험적 물음들인데, '이 세계에 존재하는 것은 어떤 것들인가'와 같이 일상적인 관찰이나 과학이 다루고 있는 물음이 그것이다. 이를테면, "오스트레일리아에는 검은 색깔의 백조가 있습니까? 물론 있지요. 사람들이 거기에 있는 것을 보았습니다." "물은 무엇으로 구성되어 있습니까? 물은 어떤 종류의 분자로 구성되어 있습니다. 그러면 분자는요? 분자들은 원자들로 구성되어 있지요."

여기에서 우리는 검증(檢證)할 수 있는 혹은 적어도 반증(反證)할 수 있는 주장들에 대해 다루고 있다. 상식도 이와 비슷하게 적용된다. "새우젓이 어디에 있지요? 새우젓이요? 냉장고 안에 있습니다. 그것을 어떻게 알지요? 내가 보았지요." 이렇게 말하면, 그 물음에 대해 충분히 답한 것으로 여길 것이다. 일상적인 상황에서는 누구나 그 이상의 물음은 제기하지 않는다. 이것이 바로 경험적 물음으로서 일상적 상식에 의해 답변하거나 복잡한 경우에는 관찰과 실험 혹은 확증 등을 통해 답변이 이루어진다. 이러한 물음이 그 한 종류에 해당한다.

이와 다른 종류의 물음이 있는데, 그것은 수학자들과 논리학자들이 제기하는 물음이다. 여기에서는 우선 몇 가지의 정의(定義)를 받아들여 놓은 다음, 한 명제로부터 다른 명제를 도출하는 방식을 규정하는 변형규칙(變形規則)과 전제로부터 결론을 도출하는 것을 규정해주는 함축(含蓄)규칙들을 정해 놓고, 명제들 사이의 논리적 관계를 확인해낼 수 있는 일련의 규칙들이 여기에 해당한다. 그러나 이것은 이 세계의 정보에 대한 어떤 지식도 제공해 주지 않는다.

여기에서 언급하고 있는 것은 사실(fact)의 문제와 아무런 연관이 없는 형식 학문에 관한 것이다. 즉 수학, 논리학, 게임 이론 등이 여기에 속한다. 이런 문제들은 경험을 통해서 답변을 얻을 수 있는 문제들이 아니다. 만일 서양장기를 두고 있는 상황에서 누군가가 당신에게 왕은 한 번에 한 칸밖에 움직이지 못한다고 말했을 때, 당신이 다음과 같이 말한다면 그것은 장기에 대해 이야기를 하고 있는 것은 아닐 것이다. "그래요? 왕은 한 번에 한 칸씩만 움직일 수 있다고 말하지만, 제가 어제저녁에 장기판을 보니까 왕이 한 번에 두 칸을 움직이더군요." 이렇게 말한다고 해서, 장기에서 왕은 한 번에 한 칸만 움직인다는 말을 반박하는 것은 아니다. 왜냐하면 장기에서 왕이 어떻게 움직이면 되고 어떻게 움직이면

안 되는가를 규정하는 장기의 규칙에 대해 말하고 있기 때문이다.

이 경우 당신은 "그 규칙이 옳다는 것을 어떻게 아는가?"라고 물어볼 수도 있다. 그러나 규칙은 참이나 거짓이 될 수 있는 것도 아니다. 그것은 마치 명령이나 물음이 그렇지 않은 것과 같다. 규칙은 단순히 규칙일 따름이다. 이런 규칙을 받아들이거나 저런 규칙을 받아들일 뿐이다. "그런 선택이 자유로운가 그렇지 않은가? 도대체 그 규칙들은 어디에 위치하고 있는 것인가?" 이러한 물음은 철학적 물음이지 경험적 물음이나 형식 학문적 물음은 아니다. 이 말이 갖는 의미가 무엇인지에 대해 보다 구체적으로 살펴볼 필요가 있을 것이다.

여기에서 언급하고 있는 두 종류의 물음이 지니고 있는 가장 중요한 사실은 그 물음들에 대한 해답을 얻는 방법이 뚜렷하게 구분된다는 것이다. 어떤 경험적 물음에 대해서 우리가 그 답을 모른다고 하더라도, 그 물음에 대해서 어떤 답변을 하면 된다는 것을 우리는 잘 알고 있다. "시저가 얼마나 오래 살았는가?"라고 묻는다면, 그가 얼마나 오래 살았는지 모른다고 하더라도, 어떻게 그 물음에 대해 답변을 해야 할지 우리는 알고 있다. 역사책에서 찾아볼 수도 있고, 그 어떤 증거를 찾아 그에 대한 답변을 구할 수도 있을 것이다. 또 "태국에 날지 못하는 새가 있는가?"라는 질문에 대해서도 우리가 그 답을 당장은 모른다고 하더라도, 어떤 관찰의 결과가 그 물음에 대해 답변을 줄 수 있을 것이다. 천문학에서의 물음도 마찬가지다. 우리는 어떤 천체들의 뒷면이 어떤지에 대해서 모른다. 왜냐하면 우리가 그것을 보지 못했기 때문이다. 그러나 우리가 달에 갈 수 있듯이 그 천체들이 있는 곳에 가기만 한다면, 우리는 그 뒷면을 볼 수 있을 것이고, 그 답변을 얻을 수 있을 것이다.

물론 형식학문에 있어서도 답변이 되지 않는 수학적 난제들이 있기는 하지만, 경험적 물음과 마찬가지로 그 답변을 얻는 방법이 무엇인지에 대해 널리 인정되는 방법이 있다는 점에서는 비교적 분명하다. 그렇다고 해서 단순한 수학적 추리에 의해서 경험적 영역의 문제가 풀리는 것은 아니다. 물론 지금까지 언급한 구분이 지나치게 엄격한 것은 사실이다. 실제에 있어서 경험적 명제와 형식 명제(논리적 명제)의 관계는 매우 복잡하다. 그러나 여기에서의 구분은 실증주의적 구분인데, 이와 같은 구분은 논의하려는 요점을 보다 효과적으로 드러내 줄 수 있는 이점을 지닌다.

여기에서 제시하고자 하는 요점은 이 두 종류의 명제에 대해 답변하는 것과 같은 방식으로는 결코 답변할 수 없는 제3의 명제가 있다는 사실이다. 그 제3의 명제에 속해 있는 것이 다름 아닌 철학적 명제들이다. 철학적 물음에 대해 우리가 무엇보다 주목해야 할 점은 그 물음에 대한 답변을 얻기 위해서 어디를 들여다보아야 하든지 우리는 도통 알 수가 없다는 점이다. 예를 들어 "정의란 무엇인가? 모든 사건은 앞에 일어난 사건에 의해 결정되는가? 무엇이 인생의 목적인가? 우리는 행복을 추구해야 하는가? 혹은 사회적 평등과 정의를 실현하기 위해 노력해야 하는가? 비록 그것이 우리를 행복하게 해주지는 않을지 몰라도, 도대체 이런 질문들에 대한 답을 얻기 위해 우리는 무엇을 어떻게 해야 할 것인가?" 혹은 어떤 사람이 이러한 질문을 한다고 해보자. "실재(reality)라는 말은 무엇을 뜻하는가? 또한 실재와 현상(appearance)을 어떻게 구분할 수 있는가? 지식이란 무엇인가? 우리는 무엇을 알 수 있는가? 도대체 우리는 무엇을 확실하게 알 수 있는가? 수학을 제외하고, 우리가 아는 것은 과연 그렇게 확실한가? 그렇다면 그것이 확실하다는 것을 어떻게 아는가?"

도대체 이러한 질문들에 답하기 위해 우리는 무엇을 해야 할 것인가? 이런 문제에 대해 대답해 줄 전문가가 과학 영역에는 없다. 전문가가 있다면 아마도 무엇이 '선(善)'이며 '정의(正義)'인가에 대해 말해 줄 것이고, 앞에서 언급한 모든 문제에 대해 답변해줄 수 있을 것이다. 물론 수학자는 수학과 관련된 문제에 대해서만 답변해 줄 수 있을 것이고, 아무리 위대한 철학자라고 할지라도 모든 사람이 꼼짝 못하고 받아들일 수밖에 없는 절대적으로 명확한 답변을 제시해 주지는 못할 것이다. 지금까지 논의한 것을 정리하면 다음과 같다.

인간에게 두 가지 종류의 지식의 문제가 존재한다. 그 첫 번째 종류의 문제는 세계에 관한 문제인데, 이것은 인간이 살고 있는 환경이 어떤 것인지에 대해 파악하려는 것이라고 할 수 있다. 이런 세계에 관한 문제는 세계를 들여다봄으로써 그 답변이 가능하다. 즉, 조사, 관찰, 실험 등과 같은 방법을 동원함으로써 그 답변을 얻을 수 있다. 이러한 물음은 사실의 문제에 속하는 것으로 경험의 문제라고 할 수 있다.

두 번째 종류의 문제는 보다 추상적인 형식에 관한 문제인데, 예를 들면 수학이나 논리학의 문제가 그것이다. 이런 종류의 문제들은 형식적 체계 안에 있는 존재들의 상호관계가 무엇인지에 대해 규명하려 한다. 따라서 그런 문제들에 대한 답변은 세계를 들여다봄으로써 얻을 수는 없다. 그렇다고 해서 그런 문제가 우리의 일상적 관심사와 무관한 것이라고 말할 수도 없다. 우리가 일상생활에서 자주 사용하는 그런 형식적 체제가 바로 산술이다. 말 그대로 매일 우리는 형식적 체계에 따라 물건을 세고, 시간을 측정하며, 돈을 주고받을 때 적용한다. 그런 추상적 체계는 정말 우리의 실생활에서 너무나 중요하고도 유용하게 사용되고 있다.

그런데 결국 우리가 성공적으로 다룰 수 있는 문제는 두 가지 종류로 요약된다. 사실을 들여다보는 것과 관련된 경험적 문제와 형식적 체계 안에 있는 것들의 상호관계에 관한 형식적 물음이 바로 여기에 해당한다. 거의 모든 문제, 거의 모든 지식이 이 두 가지 '통' 안에 들어 있는 셈이다. 그러나 철학적 문제들은 이 통 안에 들어 있지 않다. 철학적 문제들의 중요한 특성은 그 어느 통 안에도 들어 있지 않다는 데 있다. "권위가 무엇인가?"라는 질문은 관찰이나 형식적 체계를 따짐으로써 해결할 수 없는 문제다. 답변을 어디에서 찾아야 하는지에 대한 명확한 길이 있다고 단정할 수는 없지만, 묻지 않을 수 없어서 우리가 물음을 제기하기 시작할 때, 우리는 이미 철학의 영역에 발을 들여놓기 시작한 것이다.

4. 철학의 역할과 임무

앞 절의 논의를 토대로 다음과 같은 물음이 제기될 수 있다. "우리가 어떻게 그 해답을 구해야 하는지도 모르는 문제들을 가지고 도대체 어떻게 하자는 것인가? 그렇지만 한편으로 그런 문제들을 가지고 논의한 사상가들을 우리는 왜 존경하는가? 우리가 그들을 존경하는 까닭은 아마도 그들이 그런 문제들에 대한 어느 정도 그럴듯한 해답을 제시한 것처럼 보였기 때문은 아닐지."

물론 어떤 문제를 해결함에 있어 왕도가 없을 때, 우리는 할 수 있는

데까지 해보는 수밖에 없다. 말하자면 그것을 붙들고 늘어지는 수밖에 없다. “모든 사물은 과연 목적을 가지고 있는가?”와 같은 물음을 놓고 ‘그것은 도대체 어떤 종류의 물음인가? 우리가 찾는 해답은 도대체 어떠한 종류의 것인가? 어떤 논증을 펼쳐야 우리가 그것을 옳다거나 틀리다거나 혹은 생각해 볼 만한 가치가 있다고 여기게 되는가?’ 하는 점들에 대해 생각해 볼 필요가 있다. 이것이 바로 철학이 문제로 삼고 있는 점들일 것이다.

참으로 중요한 문제에 부딪혔을 때, 우리는 애매한 상태에 머물러 있거나 그 문제로 인해 매우 고심하기도 한다. 왜냐하면 그들은 이면에 궁극적 가치에 대해 상당한 관심을 지니고 있기 때문일 것이다. 하지만 경전(經典)이나 영감을 받은 스승의 말씀을 무조건 받아들이는 사람들이나 독단론자들은 그런 문제로 고민하지 않는다. 그럼에도 불구하고, 그런 말에 회의를 품고 이런 물음을 제기했던 사람들은 언제나 있었던 것 같다. 그래서 그들은 “왜 우리가 그런 말을 받아들여야 하는가? 그 스승들이 이런저런 말씀을 하고 있지만 그들이 참으로 알고 그런 말씀을 했다는 것을 우리가 과연 확실히 믿을 수 있는가? 그들이 말씀하기를 신(혹은 자연)은 사람에 따라 다른 진리의 말씀을 하신다고 하는데, 과연 어느 것이 옳은 것인가?”라는 물음을 제기하게 된다.

제기되는 물음들 가운데 어떤 것들은 앞에서 언급한 두 가지 통 가운데 어느 하나에 들어갈 수 있도록 나중에 재구성된 것도 있다. 이 말이 무엇을 뜻하는지에 대해 좀 더 자세히 살펴보자. 천문학의 경우를 살펴보자면 14세기에만 해도 천문학은 철학의 문제라고 여겼다. 왜냐하면 그것은 경험적 문제도 아니며, 형식적 논리의 문제도 아니기 때문이다. 이를테면 14세기에는 유성은 원형 궤도를 따라 움직일 수밖에 없다고 여겼다. 그 이유는 당시에 원을 완전 도형이라고 생각했기 때문이다. 이것은 경험을 근거로 말하는 것도 아니며, 논리적 형식에 따른 이야기도 아니다. 유성이 원운동을 한다는 것이 실험이나 관찰에 의해 그 진리성이 드러난 것도 아니며, 단지 논리적 혹은 신학적 근거에 의해 그렇게 주장하는 것이기 때문이다. 따라서 이런 천문학은 철학적 문제라고 여겨졌던 것이다. 점성술 역시 마찬가지다. 그러나 우리가 알고 있는 바와 같이 천문학은 점차로 관찰을 토대로 한 과학이 되어버렸다. 그것이 지니고 있던 여러 가지 형이상학적 전제들이 떨어져 나가 버린 후 경험적 시험에 의해 판가름할 수 있는 가설적 방법을 채택함으로써 자연과학의 한 영역으로 들어갔다. 결국 그것은 철학적 문제의 영역에서 벗어난 것이 되고 말았다.

철학이라는 학문에서 일어난 일 가운데 가장 흥미로운 것 중 하나는 철학이 자기의 영역 안에 있던 것을 경험과 형식 논리의 두 통 속으로 계속해서 이관해 왔다는 사실이다. 오스틴(O. L. Austin)은 이에 대해 다음과 같이 언급하고 있다. "철학이라는 태양이 연소가스를 계속 뿜어내어 놓으면, 그 가스는 유생들이 되어버린 후 자기의 독자적인 존재 영역을 형성해 나간다." 철학의 역사는 바로 이런 과정을 잘 보여주고 있다. 예를 들어, 경제학이 여러 가지 형이상학적 가정으로 꽉 들어차 있었을 때는 철학의 일부분이었으나, 그것은 차츰 독자적인 탐구 영역을 형성해 갔다.

그러나 여러 가지 탐구 영역, 이를테면 경제학, 천문학, 심리학, 언어학 등이 독자적인 살림을 차리고 나간 후에도 여러 탐구 분야에 관한 철학은 여전히 남아 있게 된다. 따라서 그러한 개별 과학이 딴 살림을 차리고 나갔다고 해서 철학과 아무 상관이 없어지는 것은 아니다. 어떤 분야를 막론하고 기본 개념은 있기 마련인데, 이를테면 물리학자는 빛, 질량, 에너지, 속도, 중력, 운동, 시간, 크기 등의 기본 개념을 사용하며, 정치학자는 자유, 평등, 사회정의 등의 기본 개념을 늘 사용한다. 그리고 법률가들은 유죄, 무죄, 정의 등에 대한 개념을 사용한다. 일반적으로 이런 여러 분야에 종사하는 사람들은 그들이 사용하는 기본 개념에 관해 이러쿵저러쿵하느라고 시간을 보내지 않는다. 대부분의 물리학자들은 '빛이 도대체 무엇인가? 에너지의 의미는 무엇인가?'와 같은 문제에 대해 전혀 논의하지 않고 실험에만 전념할 것이다. 마찬가지로 물리학자의 경우에도 실제로 수영을 하는(물리적 세계를 대상으로 실험을 수행하는) 사람이기 때문에 그들은 "수영을 어떻게 하는가? 도대체 수영을 해서 무엇을 하는가?"와 같은 물음을 던질 필요는 없다.

그런데 어떤 이들은 "도대체 당신이 말하는 '빛'은 무엇을 의미합니까? 그리고 에너지는 무슨 뜻이며, 크기란 무엇을 말하는 것입니까?"라고 묻는데, 우리는 이들을 철학자라고 한다. 그리고 그들이 논의하는 문제들을 과학철학이라고 부른다. 그리고 정치철학자는 "도대체 자유는 정확히 무엇을 뜻하는가? 평등이란 무엇인가? 정의란 무엇인가?"라고 묻는다.

이뿐만 아니라, 사실 모든 지적 탐구 영역에서는 철학이 성립하는데, 그 각각의 철학은 각 분야에서 사용되는 중요한 개념과 이론들을 분명히 밝히는 작업뿐만이 아니라, 그 탐구의 목적과 방법 그리고 거기에 동원되는 논증과 그 논증을 뒷받침하는 증거, 그 논증과 증거에 적합한 절차 등에 관해 검토하는 일을 수행한다. 바꾸어 말하면, 철학은 개념을 분명히 밝히고, 인간 활동에 대해 총체적으로 분석하는 일을 수행한다. 이것은 "철학은 하나의 활동(activity)이지 교설(doctrine)이 아니다."라는 비트겐슈타인(Wittgenstein)의 언급에서도 확인할 수 있다. 물론 철학 활동 자체도 철학적 탐구의 대상이 될 수 있고, 그런 철학 자체에 대한 물음을 수많은 철학자가 던져 온 것은 두말할 나위 없다.

현실에서 철학 자체에 관한 문제 이외에도 인간의 삶에 근본적으로 관여하고 있는 것들이 재미있는 철학적 탐구의 대상이 되는데, 그것은 인간의 사고뿐만 아니라 모든 활동에 두루 걸쳐 있는 근본적인 문제다. 그런 문제가 어떤 것인가에 대해 철학자들이 탐구하고자 하는 것은 인간 사고(思考)의 전제조건들과 그 원천에 대해 파헤쳐 보는 일이다. 말하자면 인간 사고와 행위의 속을 들여다보자는 것이다.

이와 관련하여 철학자들의 철학적 활동에 대해 좀 더 살펴볼 필요가 있다. 일반적으로 우리는 범주(範疇)의 오류라고 부르는 오류를 사고과정에서 저지르기 쉽다. 다시 말해, 우리는 어떤 용어를 그 본래의 것과는 다른 방식으로 사용한다. 그리고 그 실수를 저지르고 있다는 것조차 모르기 때문에 여러 가지 오류와 더불어 혼란을 자아내게 된다. 어떤 철학자들은 철학의 과제가 바로 이러한 혼란의 모습을 들춰내어 우리가 어디에서 오류를 범하고 있는가를 보여주는 일이라고 생각한다. 이런 생각을 지녔던 철학자 중 하나로 길버트 라일(Gilbert Ryle)을 들 수 있는데, 그는 자신의 저서인 『마음의 개념(The Concept of Mind)』에서 사람들은 마음의 개념을 가지고 범주의 오류를 상당 부분 범하고 있다고 주장했다. 우리는 마치 마음을 기계 안에 들어 있는 유령처럼 신체 안에 거주하는 보이지 않는 실체로 생각하는 경향이 있다는 것이다. 다시 말해 우리는 마음을 기계 속에 들어 앉아 그 기계를 조종하는 유령과 같은 존재이며, 눈으로 볼 수 없는 체험들이 일어나고 있는 것을 남몰래 은밀히 들여다보면서 즐기고 있는 존재로 여긴다는 것이다. 그런데 이것은 몹시 그릇된 생각의 모델이며, 이것이 수많은 사고의 혼란과 오류로 우리를 이끌어 간다고 라일은 주장한다. 그는 아주 자세한 개념적 분석을 통하여 이러한 그의 논지를 뒷받침하고 있다. 그가 그의 저서에서 하고 있는 일련의 작업이 바로 여기에 해당한다.

만일 누가 그에게 반론을 펼치려고 한다면, 두 가지 길이 있을 것이다. 하나는 그가 주장하는 바와 같이 우리가 마음의 개념을 사용하고 있지 않다는 논증을 펼치는 것이고, 다른 하나는 우리가 마음의 개념을 라일이 주장하는 바와 같이 사용하고 있기는 하지만, 그것이 그릇된 오류로 인도한다는 라일의 논지를 부정하는 것이다. 다른 여러 가지 개념들을 놓고 철학자들이 벌이는 논쟁들도 이와 유사하다고 할 수 있다.

철학의 핵심적인 임무 가운데 하나가 바로 개념의 명료화 작업이다. 개념을 명료화함으로써 우리는 문제가 잘못 설정되었다는 것을 확인하게 된다. 앞에서 언급한 바와 같이 경험적 문제가 형식적(논리적) 문제와 서로 엉겨 붙어 있다는 점을 알게 되는 것이 바로 여기(문제가 잘못 설정되었다는 사실)에 속한다. 사람들이 일상생활에서 늘 부딪치게 되는 도덕적 문제를 통해 살펴보자. 다음은 병원에서 발생하는 문제의 사례로, 이것은 도덕적 문제지만, 다른 한편으로는 정치적 문제에 속하기도 한다.

병원에 신장 기계가 있는데, 그 신장 기계는 그렇게 많지 않기 때문에 그 사용료가 매우 비싸다. 많은 사람이 신장염으로 고생하고 있고, 이 기계는 그런 사람들에게 큰 도움을 줄 수 있다. 그런데 신장 기계가 매우 부족하기 때문에 그 혜택이 극히 제한적이라는 점을 감안했을 때, 그것을 사회적으로 많은 이익을 가져다주는 능력을 지닌 사람이나 중요한 사람들에게 우선적으로 적용할 것인가에 대한 문제가 제기될 수 있다. 신장염으로 고생하는 한 사람의 과학자가 있다면, 그리고 신장 기계가 단 한 대밖에 없다면 우리는 그 과학자를 위해서 그 기계를 사용하는 것이 바람직한가? 때마침 한 어린아이도 신장염으로 죽어가고 있다면, 그 두 사람 가운데 누구를 위해 그 기계를 사용해야 할 것인가?

이 문제는 실제적 선택을 해야 하는 상황에서 아주 어려운 문제가 아닐 수 없다. 이때 "그 과학자를 구해야 합니다." 혹은 "그 어린아이를 살려야 합니다."와 같은 말을 하는 것이 철학자의 역할은 아니다. 물론 철학자도 '한 인간'으로서 그런 말을 할 수는 있다. 그러나 그가 '철학자'로서 해야 할 일은 그 문제에 포함된 여러 가지 상황을 명백하게 밝혀내는 일이다. 철학자는 다음과 같은 물음들을 제기할 것이다. "당신의 목적은 무엇인가? 당신이 찾고 있는 것은 무엇인가? 당신이 관심을 가지고 있는 것이 과연 인류의 행복인가? 그것이 유일한 관심사인가?" 만약 그렇다면 과학자를 살리는 것이 옳다고 말할 수 있다. 왜냐하면 그가 어린아이보다 인류에 많은 이익을 가져올 것이기 때문이다. 반면, 만약 당신이 모든 인간은 그 어떤 기본권을 가지고 있으며 따라서 모든 사람은 동등하게 구제되어야 할 권리가 있다고 믿는다면, "두 사람 가운데 누가 더 중요한가?"라는 물음을 제기해서는 안 된다. 왜냐하면 여기에서 두 가지 가치관이 상호 충돌하기 때문이다. 다시 말해, 당신은 인류의 행복을 증가시키는 것이 옳다고 생각하면서 동시에 생존권을 비롯한 기본적인 권리에 등급을 매김으로써 평등을 기하여야 할 제반 권리에 상하 위계질서를 도입하는 것은 잘못된 생각이라고 믿고 있는 것이다. 그러나 우리는 이 두 가지 믿음을 동시에 지닐 수 없다. 이 두 가지 신념은 서로 충돌한다고 설명하는 것이 철학자가 해야 할 역할인 것이다.

지금까지의 논의를 토대로 철학은 두 가지 임무를 수행하는 것으로 이해할 수 있다. 하나는 인간이 내세우는 가치판단의 전제들과 인간 행위를 포함하는 가치판단의 전제들을 검토하고 비판하는 일, 다른 하나는 실질적 문제들을 다루는 것인데, 이 문제는 경험적 문제와 형식적(논리적) 문제 어느 곳에도 속하지 않는다. 규범적인 문제들은 바로 그러한 중간에 해당하는 실질적인 문제에 속한다. 그렇다고 해서 실질적인 문제 또는 판단에 관한 일반적인 원리들을 비판하는 작업이 철학의 영역 밖에 있다는 뜻으로 해석할 필요는 없다. 단지 철학자가 아니더라도 어떠한 문제에 부딪혔을 때, 그 특정한 경우가 함축하는 결론 내지는 핵심적인 제반 원리를 옹호 혹은 반박할 수 있는 논리를 충분히 파악할 수만 있다면, 문제를 해결하는 데 있어 반드시 철학자들보다 못할 것도 없다는 취지다. 즉, 현재 인정되고 있는 경험적인 학문과 학술 및 형식적인 학문과 학술에서 다루고 있지 않은 문제라도 그러한 문제에 대한 일반적인 답변을 찾으려 한다면, 그는 자신이 알건 모르건 간에 이미 철학적인 작업을 하고 있는 셈이다. 특히 가치에 관한 원칙적인 문제에 대한 답변을 찾으려는 노력이 그 점을 보여주는 좋은 본보기에 해당한다.

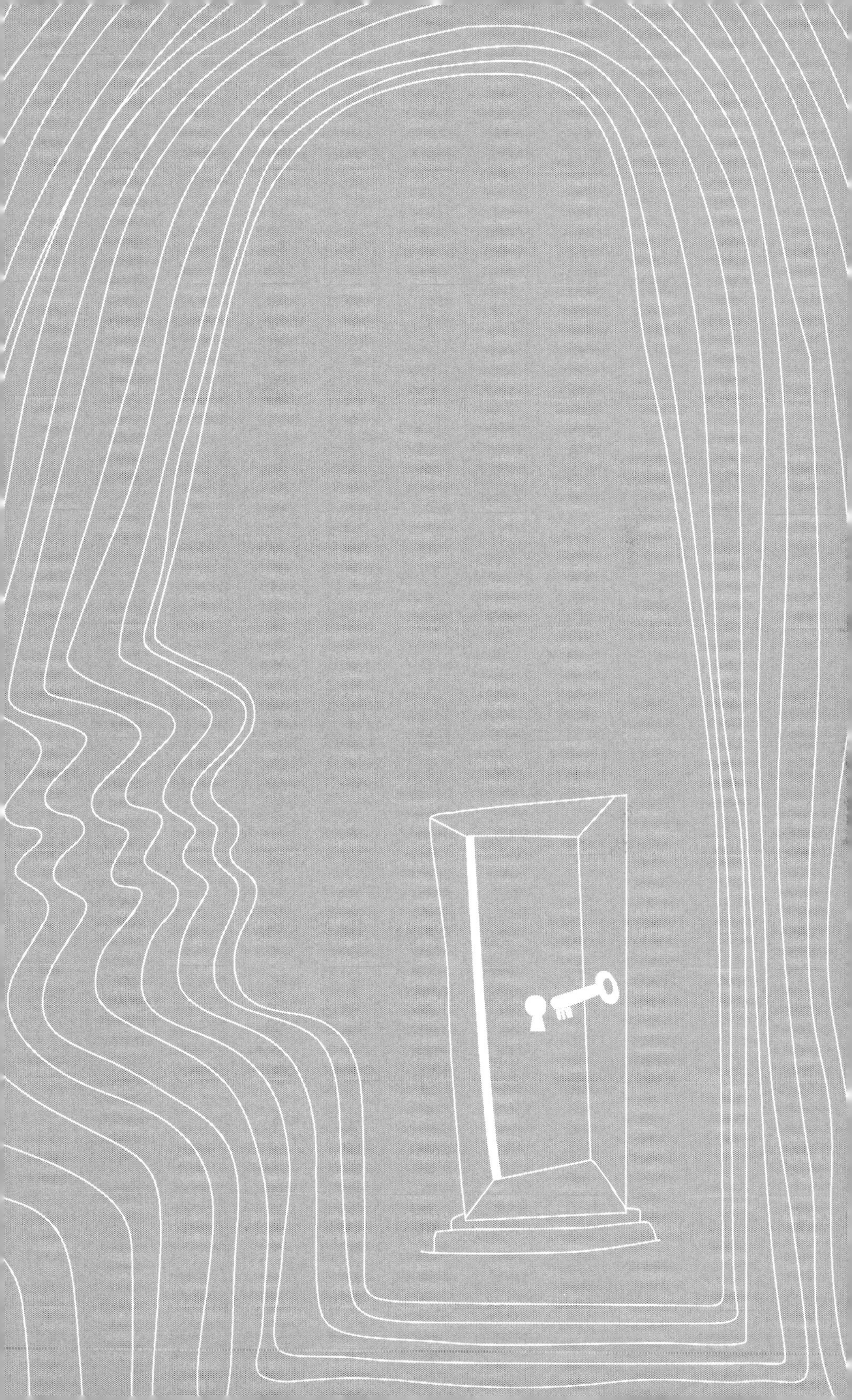

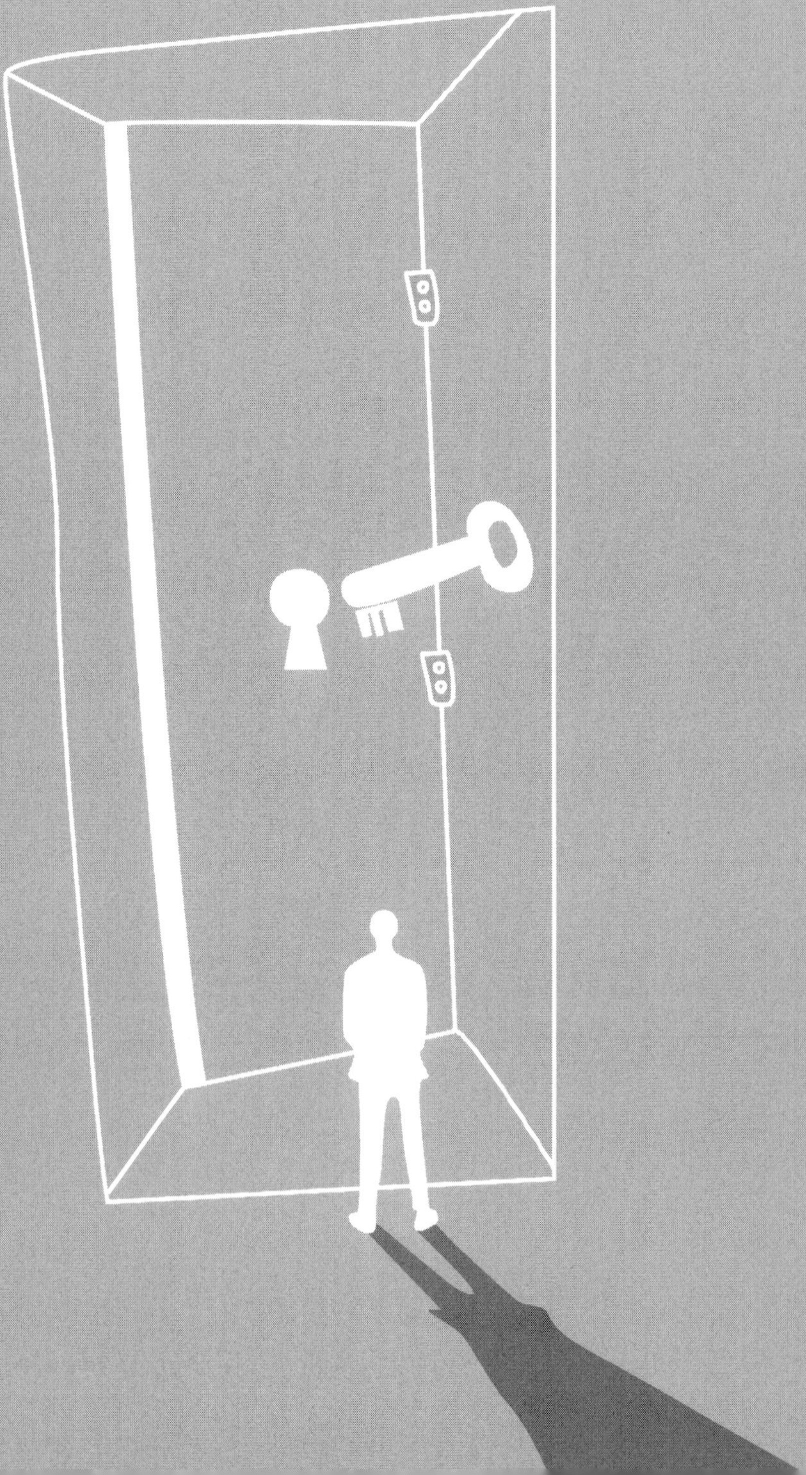

| 제3장 |

참으로 존재하는 것은 무엇인가

1. 존재에 관한 물음들

우리 주변에는 과학적으로 증명할 수 없음에도 당연히 참인 것으로 간주되어 의심을 품지 않는 진술들이 많다. 예를 들어, 나의 의지에 따라 그 어떠한 행위든 자유롭게 선택할 수 있다는 사실, 나는 육체와 더불어 정신을 지니고 있다는 사실, 이 물리적 세계에는 어떤 결과가 있으면 반드시 그 원인이 존재한다는 사실, 이 세계에 정의(justice)란 반드시 존재한다는 사실 등과 같은 진술들이 그것이다. 그것들은 의심할 여지 없이 참인 진술이어서 과학적으로는 증명할 수 없지만, 심사숙고해 보면 매우 중요한 진술인 것은 분명하다. 물론 대부분의 사람들은 이러한 진술들이 과학적 방식은 물론이고 어떤 방식으로도 해명할 수 없기 때문에 진지하게 따질 가치도 없고 그럴 필요조차 없다고 생각한다. 그러나 그러한 진술들이 설사 과학적으로는 증명할 수 없을지 몰라도 철학적으로는 가능하며, 또한 그 타당성 여부를 좀 더 깊이 생각해 볼 필요가 있다고 생각하는 사람들이 있는데 그들이 바로 철학자이고, 이것을 다루는 철학의 분야를 존재론(ontology) 혹은 형이상학(metaphysics)이라고 한다. 어원적인 측면에서 보자면 형이상학은 'meta'와 'physics'의 합성어다. physics가 현대에는 물리학을 의미하지만, 아리스토텔레스(Aristotle) 시대에는 시공간을 점유하는 물리적 대상에 대해 경험적으로 접근할 수 있는 학문, 즉 자연과학을 통칭하는 의미였고, meta는 '~넘어서는', '~초월하는', '~배후에 있는' 등을 의미한다. 따라서 합성어인 metaphysics는 경험을 넘어서는 분야에 대해 탐구하는 학문, 즉 초경험적 대상을 다루는 학문을 의미한다.

전통적으로 철학자들이 매달려온 물음들은 상당히 많다. 근대 이전까지만 해도 그러한 물음들이 철학의 핵심을 이룬다고 생각되었다. 전통적인 형이상학적 질문 가운데 대표적인 것으로 '우리 주변에서 내가 경험하는 사물들이 정말로 존재하는 것일까? 아니면 단순히 우리 정신의 소산인가? 인간을 포함한 자연 모두는 과연 목적이 있을까? 인간은 육체 이외에도 영혼이 있는가? 있다면 그 영혼은 죽음과 함께 소멸되는가? 아니면 영원히 지속되는가?' 등과 같은 물음들이 있다. 전문적인 철학과는 아무런 상관이 없는 사람이라고 할지라도 이러한 물음에 대해 한 번도 생각하지 않은 사람은 드물 것이다. 이처럼 형이상학은 인간과 세계를 통일적으로 이해하려는 인간 본성에 비추어 볼 때 그 어떠한 것보다 중요한 영역임이 분명하다. 이러한 영역에 대한 탐구는 특히 인간의 삶의 목적이나 의미와도 깊게 관련되어 있다는 점에서 각별한 의의를 지닌다.

철학자들은 형이상학에 속하지 않은 많은 문제가 형이상학적 문제에 의존하고 있다는 점에서 형이상학이 근본적인 학문으로서의 지위를 가진다고 역설한다. 예를 들어 우리의 일상적인 삶에서 상당한 비중을 차지하고 있는 종교 자체가 형이상학은 아니지만, 유물론이라는 형이상학적 이론이 주장하는 대로 인간에게 영혼이 없다면 많은 종교는 무의미한 것으로 전락하고 말 것이다. 또한 자유의지와 결정론에 관한 문제와 관련해서도 비슷한 어려움이 제기된다. 만일 '결정론' 내지는 숙명론이라는 형이상학적 이론이 참으로 판명된다면, 학문으로서 윤리학의 성립 여부가 문제 될 수 있다. 이러한 점들은 철학의 영역에서 형이상학이 핵심적인 위치를 차지하고 있음을 말해주는 것이다.

앞에서 언급한 것처럼 형이상학적 문제들은 과학적 실험이나 관찰을 통해 파악될 수 없는 성격의 문제들이다. 그렇기 때문에 우리가 일상적인 생활에서 마주치게 되는 어떤 기초적 신념을 자료로 해서 논리적인 방식으로 접근해 나가야 한다. 또한 그 과정에서 복잡한 논리적 논증이 동원되는 경우도 많다.

지금까지 많은 철학자가 적지 않은 시간을 들여 여러 가지 형이상학적 문제들을 끊임없이 탐구해 왔으나 대부분 만족스러운 해답을 제시하지 못했다. 또 이러한 점 때문에 형이상학이 무의미하다거나 불가능하다고 역설하는 사람들도 있다. 그러나 형이상학적 문제들에 대해 아직도 결정적인 답변을 찾지 못했다는 사실이 그 문제에 대한 우리의 사유의 폭이 확장되지 않았다는 것을 의미하지는 않는다. 오히려 다른 분야의 철학과 마찬가지로 형이상학도 서로 대립된 학설이 치열한 철학적 논쟁을 통해 잇달아 교체되어가는 과정에서 문제에 대한 이해가 심화되어 왔다고 말할 수 있을 것이다.

앞에서도 언급한 것처럼 형이상학에 속하는 문제가 많이 있는데, 철학자들은 모든 문제가 고대 그리스에서 철학이 시작되면서부터 제기되어 온 "실재(實在)하는 것은 무엇인가?"라는 물음으로 귀착된다고 말한다. 물론 철학에 익숙하지 않은 사람들은 그러한 물음을 과학적으로만 답변할 수 있는 질문 또는 별반 큰 의미를 지니고 있지 않은 사소한 물음으로 생각할 수 있다. 그러나 일부 철학자들은 참된 존재 가운데 과학을 통해 인식할 수 있는 한계를 벗어난 혹은 과학적인 방식으로 도저히 해명될 수 없는 것이 있을 수도 있다고 생각한다. 과학적으로 접근할 수 있는 한계를 벗어나 있기 때문에 그러한 존재는 추상적인 성격을 지니고 있기는 하지만, 과학적으로 해명할 수 없는 문제에 대한 답을 제공해 줄 수 있을 것이다.

많은 철학자들은 세계를 통일적으로 설명하고 이해하고자 했는데, 그러기 위해서는 '참으로 존재하는 것(실재)'을 상정할 필요가 있다고 생각했다. 참으로 존재하는 것에 관한 이론은 철학자들이 세계를 어떤 식으로 파악하느냐에 따라 다양한 형태로 전개될 수 있다. 여기서는 이른바 이데아(idea)에 관한 플라톤의 이론을 중심으로 서양의 고·중세 철학자들이 '참으로 존재하는 것'을 어떤 방식으로 통찰하고 있는지에 대해 구체적으로 살펴볼 필요가 있다.

2. 플라톤의 실재론

서양에서 최초로 참된 존재가 무엇인지에 대한 형이상학적 물음을 던진 것은 고대 그리스의 자연철학자들이었다. 그들은 우리가 경험적으로 지각할 수 있는 모든 사물이 생겨나서 일정한 시간이 지난 후, 소멸됨을 목격하고, 그렇게 생성, 소멸하는 존재 말고 참된 존재가 무엇인지에 대해 물음을 제기하게 된다. 그들에게 참으로 존재하는 것이란 어떤 변화도 겪지 않는, 영속적인 존재를 의미했다. 고대 철학자들은 모든 변화하는 것의 밑바탕에는 이처럼 영속적이라는 의미에서의 참된 존재가 놓여 있다고 보았다. 그들은 이 항구적인 것을 아르케(arche)라고 불렀는데, 아르케는 스스로는 변하지 않으면서도, 모든 변화를 가능하게 하는 근원이 된다. 이 점에서 그 어떠한 변화도 아르케를 언급하지 않고는 설명할 수 없다.

그리스의 철학자들이 '참된 존재'에 대해 처음 지니고 있던 관념은 앞에서 설명한 것처럼 그것이 다양하게 변화하는 사물의 원천이 된다는 것이었다. 즉 변화하는 것은 참으로 존재하는 것으로 볼 수 없으며, 일체의 변화는 참으로 존재하는, 불변적인 아르케로부터 비롯된다는 것이다. 플라톤은 '참된 존재'에 대한 관념에 한 가지를 더 추가했는데, 그것은 참된 존재가 영속적인 진리의 기준이 된다는 것이었다.

플라톤과 그의 스승인 소크라테스는 당시 소피스트(sophist)라고 불리는 일부 철학자들이 항구적인 진리의 존재를 부인하며 상대주의적인 진리설로 사회를 혼란에 빠트리는 것에 대해 상당한 우려를 느끼고 있었다. 플라톤은 소피스트들의 상대주의적 주장의 밑바탕에는 영속적이라는 의미에서 참된 존재를 부인하려는 태도가 깔려 있음을 간파하고 그러한 태도와 거기서 파생되는 상대주의를 물리치기 위해 온 힘을 기울였다.

2.1 경험의 세계와 참된 존재의 세계

일반 사람들은 보통 우리가 감각 세계에서 경험하는 온갖 사물들에 대해 실제로 존재한다고 말한다. 예를 들어, 방 안에서 현재 내가 보고 있는 갈색 책상은 존재하는 것이다. 그것이 그러한 방식으로 존재하기 때문에 '이 책상은 갈색이다.'라는 명제가 참이 되는 반면, '이 책상의 색은 검다.'라는 명제는 거짓이 된다. 다시 말해 무릇 존재하는 것이 진리의 기준이 되는데, 감각 세계에 존재하는 경험적인 사물들은 당연히 위에서 예로 든 것과 같은 경험적인 명제의 참과 거짓을 결정하는 기준이 될 것이다.

플라톤은 그러한 경험적인 명제는 항시적인 진리성을 지닐 수 없다는 점에서 극복하기 어려운 결함을 지닌다고 보았다. 예를 들어, 이 책상이 지금 갈색이지만 세월이 흘러 그 색이 누렇게 변할 수가 있다. 그렇게 변하면 지금은 거짓이었던 '이 책상은 누렇다.'라는 명제가 참이 될 것이다. 플라톤은 이처럼 경험적인 명제의 참과 거짓이 항구적이지 않은 것은 그것의 진위(眞僞)의 기준이 되는 경험적인 사물 자체가 영속성이 없기 때문이라고 생각했다.

그렇다면 참과 거짓이 항상 일정하다는 의미에서 절대적인 진리성을 지닌 명제는 없는가? 만일 존재하지 않는다면 상대적인 진리 이외에 절대적인 진리는 있을 수 없다는 주장이 타당하다고 해야 할 것이다. 그러나 플라톤은 절대적인 진리가 없는 것은 아니라고 주장한다. 그는 자신의 주장을 뒷받침할 수 있는 사례로 기하학의 명제들을 들고 있다. 예를 들어 '삼각형은 내각의 합이 180°다.'라는 진술은 참일뿐더러 그 참과 거짓이 모든 시간에 거쳐 변할 가능성은 전혀 없다. 그러한 의미에서 그 진술은 영속적인 진리를 표현하고 있다고 말해야 할 것이다. 그렇다면 그 진술을 참이 되게 하는 것은 무엇인가?

그것은 '내각의 합이 180°인 삼각형'이라고 해야 할 것이다. 그러한 삼각형이 존재하지 않는다면 위의 명제가 어떻게 참이 되는지를 설명할 길이 없다. 일반적으로 우리는 기하학적 존재인 도형이 모든 기하학적 명제의 참과 거짓을 결정짓는 기준이 된다고 생각해야 한다. 그런 의미에서 기하학적 도형으로서 삼각형은 어느 순간에 생겨났다가 일정한 시간이 흐른 후에 사라지는 존재라고 생각할 수 없다. 그것은 이른바 '영속적인' 존재인 것이다. 플라톤은 기하학적 명제가 시간에 따라 진위가 뒤바뀌지 않는, 영구적인 진리성을 지니고 있다는 사실은 기하학적 대상의 영속성에 의해 설명될 수 있다고 생각했다. 이렇게 해서 그는 기하학적인 대상을 통해 '참된 존재'의 관념에 도달했는데, 그는 그러한 존재를 우리가 감각 세계에서 경험할 수 있는 감각적인 존재와 구분해서 '이데아(idea)' 즉, '형상(Form)'이라고 불렀다.

플라톤은 감각적인 대상보다는 이데아에 철학적으로 더 큰 의미를 부여했다. 그 이유는 우선 이데아만이 진정한 의미에서 존재하는 것으로 볼 수 있기 때문이었다. 기하학적인 도형인 삼각형이나 원은 감각적인 대상처럼 어느 순간에 생겨났다가 사라지지 않는다. 그것들은 영속적성을 지니기 때문에 존재하는 시각을 언급할 필요가 없다. 감각적 대상들은 온갖 변화를 겪기 때문에 그것들이 속하는 세계를 '생성·소멸의 세계'라고 한다면 이데아가 속하는 세계는 진정한 의미에서 '존재의 세계'라고 할 수 있다. 이데아에 관한 모든 철학적 이론은 기본적으로 이데아에 관한 이러한 형이상학적 사실에서 비롯된다.

이데아가 진정한 존재인 것이 단순히 영속적이기 때문만은 아니다. 기하학적인 대상을 생각하면 금방 깨달을 수 있는 것처럼 이데아에 대해서만 우리는 일상적으로 사용하는 낱말을 참되게 적용할 수 있다. 예를 들어, 우리는 손이나 도구를 이용해 종이 위에 '사각형'을 그릴 수 있다. 그러나 그 '사각형'은 기하학에서 말하는 사각형이 아니며, 엄밀히 말해 사각형이 아닌 것이다. 기하학적인 사각형은 네 개의 직선으로 이루어진 도형으로 정의되는데, 우리가 아무리 노력을 한다고 해도 두께가 전혀 없는 똑바른 직선을 그려낼 수는 없다. 이처럼 감각 세계에서 우리가 그림으로써 생겨나고 지워짐으로써 없어지는 '일시적인' 존재인 감각적인 사각형과는 달리 이데아로서의 사각형은 사각형이 되기 위한 오직 그 조건을 실현하고 있다는 점에서 사각형의 본질을 구현하고 있다고 말할 수 있다.

그렇다면 감각적인 사각형은 엄밀히 말해 사각형이 아님에도 우리는 왜 사각형이라고 부르는 것인가? 위에서 언급한 것처럼 우리가 아무리 잘 그렸다고 하더라도 감각적인 사각형은 완전한 사각형이 될 수 없다. 그러나 이것이 완전한 사각형의 이데아와 닮은 점이 없다면 우리가 그것을 사각형이라고 부를 이유 역시 없을 것이다. 다시 말해 우리가 사각형이라고 부르는 감각적인 대상은 이데아로서의 혹은 원형으로서의 사각형의 모방, 그것도 불완전한 모방인 것이다. 일반적으로 감각적인 세계에 속하는 사물의 명칭은 그것이 어떤 이데아를 모방했느냐에 따라 결정된다. 이러한 의미에서 이데아는 감각적인 사물의 원형이며 역으로 우리의 감각과 지각에 따른 경험의 세계는 그 원형이 있는 이데아의 세계에 대한 모사(模寫) 내지는 그림자라고 말할 수 있다.

감각적인 사각형은 물론 우리가 그림으로써 생성된다. 그러나 플라톤은 도형을 그리는 과정에서 사각형의 이데아를 우리가 그리려는 도형의 원형으로써 마음속에 떠올리게 된다고 보았다. 이것이 바로 불완전하기는 하지만 사각형의 이데아와 닮은 도형이 생겨나는 이유다. 그렇게 해서 생겨난 감각적 사물이 이데아를 닮게 되는 것은 조금도 이상한 일이 아니다. 감각적 사물이 생성되는 과정에 대한 플라톤의 이러한 설명은 적어도 인위적인 사물에 대해서는 상당히 그럴듯하게 적용된다.

이러한 의미에서 이데아는 모든 감각적인 사물의 원형이자 존재의 근거가 된다고 말할 수 있다. 물론 감각적인 사물은 결코 진정한 의미에서 존재한다고 말할 수 없기 때문에 여기서 말하는 '존재'는 참된 의미의 존재가 아니다. 즉 모든 개별적 사물의 본질로서의 이데아가 그것의 존재에 선행하는 것이다. 위에서 본 것처럼 이데아에 관한 플라톤의 개념은 기하학을 모델로 하고 있지만, 감각 세계에 속하는 모든 개별적인 사물에 대해서도 그것의 본질이자 존재 근거로서 그에 상응하는 이데아가 있다고 믿었다. 예를 들어, 우리는 이 세계에 존재하는 통치자에 상응하는 이데아로서의 '통치자'를 생각할 수 있다. 그것이 바로 통치자의 본질을 이루고 있는 것이기에 감각 세계에 있는 통치자가 얼마만큼 통치자다운가를 결정하는 기준이 되며, 통치자가 지향해야 할 목표가 된다. 또 한 국가의 이데아가 있다면 그것 또한 현실 세계의 국가를 얼마만큼 국가라고 말할 수 있을지 평가할 수 있는 기준이 될 것이며, 동시에 그것들이 궁극적으로 지향해야 할 목표가 될 것이다. 플라톤이 현실 세계에 속하는 개별적인 사물이 아닌 이데아에 관한 지식을 진정한 의미의 지식으로 중시한 또 하나의 이유가 여기에 있는 것이다.

개별적인 사물에 대한 평가 기준으로서의 이데아에 관한 플라톤의 이론은 특히 가치 영역에 잘 적용된다. 우리는 현실 세계에서 우리가 접하는 사물에 대해 아름답다던가, 혹은 옳다는 등의 가치 평가를 내리는 경우가 많다. 플라톤은 이러한 미적·윤리적 가치 평가는 좋음 내지는 아름다움의 표준이 되는 이데아가 존재하지 않는 한, 적어도 객관적으로는 이루어질 수 없다고 보았다. 우리가 무엇이 아름답다고 말할 때 그 아름다움의 표준을 미리 상정하기 마련인데, 그 표준은 아름다움의 이데아 이외에 다른 것이 될 수 없다. 즉, 우리는 그 표준에 의존하여 개별적인 사물이 아름다움의 이데아를 어느 정도 모방하고 있는지에 따라 그 아름다움의 정도를 평가하게 되는 것이다.

2.2 객관성과 보편성의 원천으로서의 이데아

'이데아(idea)'라는 개념이 현재는 우리의 정신 내부에 있는 '관념'을 의미하는 말로 쓰이는데, 플라톤이 말하는 이데아의 존재는 결코 우리의 정신에 의존하지 않는다. 이데아는 어디까지나 우리의 정신과 독립적으로 존재한다. 또한 이데아에 접근하기 위해서는 감각·지각이 아닌 오로지 이성에 의존해야 한다. 감각·지각은 감각적인 세계에 속하는 사물을 인식하는 데만 유용할 뿐 이데아를 파악하는 데는 결정적인 역할을 할 수가 없다. 물론 '삼각형의 내각의 합이 180°'라는 기하학적 진리를 알기 위해서는 종이 위에 적당히 삼각형을 그려 놓고 추리하는 것이 보통이며, 그러한 도형을 보지 않고 단순히 머릿속에서만 기하학적 추리를 하기는 어렵다. 그러나 여기서 유의할 것은 그러한 그림을 그려 놓고 보는 것이 기하학적 증명의 본질적인 과정을 이루지는 않는다는 사실이다. 우리가 좀 더 엄밀하게 따진다면 금방 파악할 수 있듯이 삼각형의 내각의 합이 180°임을 보이기 위한 기하학적 증명의 어떤 부분에도 우리가 그려 놓고 참고한 그림을 언급하는 대목은 없다.

플라톤은 이데아에 관한 진리를 파악하기 위해 '왜 감각적인 대상에 의존하게 되는가?'라는 문제를 비유를 통해 설정하고 있다. 그의 설명에 의하면 인간은 영혼과 육체, 두 부분으로 이루어져 있으며, 그중에 영혼은 육체와는 달리 이데아적인 존재다. 우리의 영혼은 이데아적인 것이기 때문에 생성, 소멸의 대상이 아니다. 그 말은 우리가 태어나기 전부터 우리의 영혼은 존재해 왔으며 육신이 죽은 뒤에도 소멸하지 않는다는 것을 의미한다. 우리가 태어나기 전부터 우리 영혼은 이데아의 세계에 속해 있었으며, 따라서 모든 이데아의 진상을 직접 알고 있었으나 육체와 결합하여 인간으로 태어나는 과정에서 이데아에 관해 알고 있던 모든 것을 망각하게 된다. 그러나 감각 세계에서 이데아와 유사한 것을 지각함으로써 과거에 지니고 있던 이데아에 관한 지식을 상기하게 되는데, 이 과정은 특정 대상과 유사한 또 다른 대상을 봄으로써 특정 대상의 모습을 떠올리게 되는 과정에 비유될 만하다.

이데아가 우리와 독립적으로 존재한다는 플라톤의 이론은 그와 소피스트와의 논쟁에서 중요한 함축을 지닌다. 앞에서 언급한 것처럼 이데아는 진정한 의미에서 진리의 기준이 된다. 그런데 이데아가 우리와 독립해서 존재한다면, 진리는 인간과는 독립적인 객관성과 보편성을 지니게 될 것이다. 기하학적인 진리의 사례에서도 알 수 있었듯이 이데아에 관한 진리는 인간에 의해 형성되는 것이 아니므로 독립적이다. 그렇다면 상대주의자들의 주장과는 반대로 어떤 사회와 시대에서도 두루 통용될 수 있다는 의미에서 절대적인 진리는 독립적으로 존재하는 것이다.

이처럼 플라톤에게 참으로 존재하는 것으로서의 이데아는 모든 감각적인 사물을 가능하게 하는 근거이자 그것을 평가하는 기준이 되며 상대적 진리가 아닌, 진정한 의미의 진리를 가늠하는 기준이 된다. 따라서 오직 이데아에 관해서만 객관적이고도 보편적인 인식이 가능하며, 감각적인 사물에 대해서는 단지 그럴듯한 주관적인 견해, 이른바 속견(doxa) 이상의 것을 얻을 수 없다. 그러한 인식은 또한 감각이 보조적인 역할을 할지라도 엄밀한 의미에서는 오로지 이성적 사유에 의해 이루어진다. 이 말은 곧 플라톤에게 있어 이데아에 관한 지식만이 그 학문성을 인정하는 것이 되기 때문에, 실제로 감각 세계의 다양한 측면을 다루는 자연과학의 경우 엄밀한 의미에서 학문이 될 수 없다.

플라톤의 철학은 참된 존재(실재)와 감각적인 혹은 현상적인 존재의 구별에 입각하여 참된 인식과 속견, 이성과 감각 등 모든 것을 이원적으로 구분하려는 서양 철학의 전통에서 매우 체계적이고 정교한 논의라고 말할 수 있다. 그의 철학은 우리에게 겉으로 드러난 대상의 배후에 참된 존재가 있다고 생각한 모든 철학자에게 지속적으로 커다란 영향을 끼쳤다. 하지만 현실 세계 이외에 '배후의 세계'를 거부하려는 시도 역시 줄기차게 전개되어 왔는데, 그 최초의 인물이 다름 아닌 플라톤의 제자인 아리스토텔레스였다.

3. 아리스토텔레스의 실재론: 개체 안에 존재하는 형상

이른바 냉철한 과학 정신의 소유자로 알려진 아리스토텔레스는 감각 세계에서 온갖 방식으로 변화(운동)하는 개별적인 사물들을 학적 인식의 대상에서 배제하는 플라톤의 입장에 동조하지 않았다. 우리가 지각하는 개별 사물에 대한 경험적 탐구에 기반을 둔 지식, 즉 '자연학'은 엄연히 그 학문성을 인정받아야 한다고 여겼다. 개별 사물들에 대한 '앎'을 인정하지 않으려는 플라톤의 견해는 그것들의 참된 존재성을 인정하지 않으려는 입장과도 관련이 있는데, 아리스토텔레스는 당연히 그러한 입장을 받아들일 수 없었다. 아리스토텔레스는 그것들이 진정한 의미에서 존재할뿐더러 그것의 배후에 있는, 혹은 그것을 초월하여 별도로 존재하는 참된 실재를 인정하지 않았다. 이렇게 해서 아리스토텔레스는 우리가 경험하는 현실 세계를 넘어선(시공을 초월한) 세계를 끌어들이려는 플라톤의 형이상학을 배격하고, 경험적 세계관에 따라 자신의 철학을 구축하게 된다.

아리스토텔레스는 여러 개별 사물, 혹은 '실체'에 공통으로 적용될 수 있는 이른바 '보편개념(普遍概念)'을 동원하지 않고서는 '앎'이 불가능하다는 입장을 취한다. 예를 들어, '모든 인간은 포유류다.'라는 생물학적 명제에서 '인간'과 '포유류'는 개개의 모든 인간, 혹은 포유류에 두루 적용되는 보편개념이다. 플라톤과 마찬가지로 아리스토텔레스도 그 명제가 참된 지식으로 성립하기 위해서는 개개의 인간 이외에 보편 개념이 지칭하는 대상으로서의 인간도 존재해야 한다고 생각했다. 그는 그러한 대상을 '에이도스(eidos)'[1]라고 불렀는데, 플라톤과 마찬가지로 아리스토텔레스에게도 형상은 개별적인 사물의 본질을 이루며 동시에 과학적 인식의 대상이 되었다. 이 점에서 아리스토텔레스는 스승의 입장을 충실히 따랐다고 할 수 있다.

앞에서 지적한 대로 아리스토텔레스는 에이도스 내지는 형상이 존재하는 별도의 세계를 인정하지 않았다. 그렇다면 그것은 개별적인 사물과 마찬가지로 감각적인 현실 세계에 존재할 수밖에 없다. 그러나 그렇다고 해서 형상이 개별 사물과 별개로 혹은 독립적으로 존재한다는 것을 의미하지는 않는다. 감각 세계의 개별적인 여러 사물에 한 가지 보편개념이 적용될 수 있는 것은 흔한 현상이다. 예를 들어 소크라테스, 공자, 석가모니는 서로 다른 대상이지만, '인간'이라는 동일한 보편개념을 적용할 수 있다. 그에 대해 플라톤은 그 세 인물이 모두 그들과 별개로 존재하는, 그것도 초월적인 세계에 존재하는 인간의 이데아 혹은 형상을 모방하고 있기 때문이라고 설명한다. 그러나 아리스토텔레스는 인간의 형상이 그 세 인물 각각에 내재(內在)하고 있기 때문이라고 설명한다. 즉 개별적인 사물들은 다른 개체와 구분되는 것을 지니고 있을 뿐만 아니라 다른 여러 개체와 동일한 것을 공유하기도 한다. 여러 개체와 동일한 것을 공유하기 때문에 여러 개체는 하나의 보편개념에 의해 지칭될 수 있고, 개별적인 사물들은 다른 개체와 구분되기 때문에 그것들은 서로 다른 것으로 취급받게 된다.

서로 다른 개체들이 공유하는 것, 혹은 서로 다른 개체들에 내재하는 것이 바로 형상이다. 이처럼 형상은 개체들과 구분되기는 하지만 독립적으로 존재하는 것은 아니다. 형상에 대해 서로 다른 개체들이 별개로 지니는 것을 아리스토텔레스는 '질료(質料)'라고 불렀다. 그것은 형상이 부여되는 재료 내지는 용기와 같은 것으로 생각할 수 있다. 형상이나 질료는 생성되거나 소멸하지 않으며 영속적으로 존재한다. 이처럼 아리스토텔레스에게 개체 혹은 실체는 형상과 질료의 결합물로 파악된다. 그러나 그 결합은 물리적인 결합이 아닌 형이상학적 결합이다. 따라서 실체로부터 형상과 질료를 형이상학적으로 구분 지어 생각할 수는 있으나 물리적인 방식으로 분리해낼 수는 없다. 예를 들어 붉은색 사물들로부터 '붉음' 자체를 물리적으로 분리할 수 없지만, 그것들에 동시에 내재하는 것으로서의 '붉음'을 개별적인 붉은 사물들과 구분해서 생각할 수는 있다. 물론 형상은 실체와 구분 지어 생각될 수 있을 뿐만 아니라 그 자체가 실체 못지않게 참으로 존재하는 것이다.

아리스토텔레스는 이데아와 감각적 개별 사물 간의 모방 관계를 형상과 개체 간의 내재 관계로 대체함으로써 현실 세계에 속하는 개체들의 생성, 변화, 내지는 운동을 효과적으로 설명할 수 있다고 생각했다. 개별 사물이 이데아를 모방하는 정도가 다를 수 있는 것처럼 질료에 형상이 내재하는 방식에도 차이가 있을 수 있다. 아리스토텔레스는 이 방식을 두 가지로 구분했는데, 하나는 잠재적인(potential) 방식이고 또 하나는 현실적인(actual) 방식이다.[2]

이처럼 아리스토텔레스에게 자연계에 있는 모든 사물의 생성, 변화는 질료에 형상이 어떤 방식으로 내재하고 있는가에 의해 충분히 설명된다. 아리스토텔레스는 변화를 설명하는 근거가 되는 것을 '원인'이라고 불렀는데, 자연적인 사물의 변화를 설명하기 위해서는 형상과 질료를 예로 드는 것이 필수이며 대부분의 경우, 그 두 가지만으로 충분하다고 설명한다. 형상은 질료에 잠재적으로 존재함으로써 질료가 형상을 부여받아 그 형상을 현실적으로 갖춘 개체로 발전해가도록 하는 힘을 제공하는데, 이 점에서 형상은 개체 변화의 목적을 이룬다고 말할 수 있다.

4. 보편논쟁: 실재론과 유명론의 대립

플라톤이나 아리스토텔레스는 비록 형상이 존재하는 방식에는 차이가 있었으나 참으로 존재한다고 본 점에서는 의견이 같았다. 그러한 의미에서 형상에 관한 두 사람의 견해를 실재론(realism)이라고 한다. 형상이 개별적인 사물을 초월하는 세계에 존재한다고 본 점에서 플라톤이 급진적인 형태의 실재론을 제시했다면, 아리스토텔레스는 형상을 개체에 내재시켰다는 점에서 온건한 실재론이라고 할 수 있다. 이들에 대해 정반대 입장의 철학자들은 형상이란 참된 존재가 아니며, 따라서 개별적인 사물 이외에 참되게 존재하는 것은 달리 없다는 견해를 취한다. 이들은 플라톤이나 아리스토텔레스가 형상을 지칭하는 데 사용하는 낱말인 보편명사 내지는 보편개념들이 가리키는 대상이 실제로 존재하는 것은 아니라는 입장에 서게 된다. 이들의 견해는 보편개념이 단지 이름 내지는 소리에 지나지 않는다는 주장으로, 흔히 '유명론(唯名論)' 혹은 '명목론(名目論)'으로 불린다. 플라톤과 아리스토텔레스가 형상이 실재함을 주장함으로써 촉발된 실재론과 유명론의 대립은 중세에 들어와 거의 대부분의 신학자와 철학자가 가담하여 중세 내내 계속된 대규모 논쟁으로 발전하게 되는데, 그 논쟁을 흔히 보편논쟁(universal controversy)이라고 한다.

보편논쟁 초기에는 보편이 개체의 진정한 본질로서 실재할뿐더러 개체에 앞선다고 보는 플라톤적 실재론이 우세했다. 그 실재론은 안셀무스(Anselmus)에 의해 부활하여 유행하게 되었는데, 안셀무스는 개체가 보편으로부터 파생된다는 의미에서 보편이 개체에 앞선다는 생각을 지니고 있었다. 보편에 관한 실재론적 견해는 신(神)이나 교회가 보편과 동등한 혹은 그 이상의 존재성을 갖는 것으로 이해됨에 따라 로마 가톨릭 교회로부터 강력한 지지를 받게 된다. 중세 신학자들은 교회가 보편과 같은 존재가 아니라면 개개 신도들의 단순한 집합 이상이 될 수 없다고 생각했다. 보편이 존재하고 교회가 보편과 같은 것으로 간주되어야 교회는 보편에 대한 개체로서 개별적인 신도들에 선행하는 실재가 될 것이다. 또한 그런 경우에 한해 교회는 그것을 통하지 않고서는 누구도 구원받을 수 없는 '구원의 방주'로서의 권위를 지니게 될 것이다.

중세의 전성기로 넘어오면서 아리스토텔레스의 철학이 본격적으로 도입됨에 따라 이 논쟁은 온건한 실재론의 우세로 기울기 시작했다. 아리스토텔레스적인 실재론을 부활시키는 데 가장 큰 역할을 한 토마스 아퀴나스(Thomas Aquinas)는 보편은 실재하되 개체에 선행하는 것이 아니라, 개체 안에 본질로서 실재한다고 주장했다. 우리 외부의 자연에서 보편은 개체 안에 존재하지만, 우리의 정신은 개체를 일체 배제하고 오로지 보편만을 직접적으로 파악하는 것이 가능하다. 이러한 의미에서 온건한 실재론자들은 우리의 정신에서는 보편이 개체에 앞서서 존재한다고 말하고 있다. 개체가 배제된 보편을 직접 파악할 수는 있지만, 보편에 관한 개념적 인식은 보편이 내재하는 개체들을 통해서만 가능하다. 이런 의미에서 보편은 개체 뒤의 개념으로서 존재한다고 말할 수 있다.

온건한 실재론은 개체에 관한 경험을 토대로 해서 보편을 이성적으로 인식할 수 있다는 주지주의(主知主義)적 견해를 그 안에 담고 있다. 이것은 성경 이외에 자연에서 관찰되는 사실을 근거로 해서 신에 대한 지혜를 지적으로 인식할 수 있음을 함축하는 것이다. 실제로 아퀴나스는 몇 가지 경험적 사설을 바탕으로 신의 존재를 증명하는 법을 고안해 냄으로써 자신의 인식론적 입장이 타당함을 입증하려 했다. 그의 존재론적 증명에 대해 간단히 소개할 필요가 있다. 우선 그의 증명을 삼단논법으로 제시하면 다음과 같다.

〔전제 1〕 존재하는 모든 것은 그것의 원인을 갖기 마련이다.
〔전제 2〕 존재에 대한 인과의 계열은 언젠가는 끝이 나야만 한다.
〔결　론〕 궁극적인 원인이 존재한다. 그것은 곧 신이다.

존재론적 논증은 만물의 현상으로부터 신의 존재를 추론해 내는 논증 방식으로 철학에서 형이상학의 한 분야로 자리 잡고 있다. 토마스 아퀴나스에게서 비롯된 우주론적 논증은 우주의 현상과 존재로부터 신의 존재에 대한 실마리를 찾으려는 시도다. 이러한 논의는 중세 스콜라철학에서부터 신학과 더불어 신의 존재와 속성을 합리적으로 설명하려는 입장을 취한다. 토마스 아퀴나스는 아리스토텔레스의 철학적 방법론을 끌어들여 이 논증을 구체화한다. 물론 이러한 증명 역시 문제점을 내포하고 있는데, 이는 [전제 1]과 [전제 2]가 모순된다는 점에서 비롯된다.[3]

성경 이외에 자연에서 관찰되는 사실을 근거로 해서 신에 대한 지혜를 지적으로 인식할 수 있다는 아퀴나스의 입장이 이후에 자연은 신의 지혜를 읽을 수 읽는 성경 이외에 또 하나의 '책'으로 인식되었다. 그러나 기독교적인 교리에 합리적인 기반을 제공함으로써 신앙과 지식을 일치시키고자 했던 아퀴나스를 중심으로 한 주지주의자들의 노력은 하나님의 의지 내지는 기독교의 교리를 부당하게 인간이 가진 이성의 테두리 안에 제한하려 한다는 비판에 직면하게 된다. 이러한 비판을 주도한 윌리엄 오컴(William of Ockham), 로스켈리누스(Roscellinus), 둔스 스코투스(Duns Scotus) 등을 중심으로 한 유명론자들은 보편이 어떤 형태로든 실재한다는 주장에 대해 근본적인 회의를 품게 된다.

유명론자들은 보편은 의식의 추상적 산물로서 개체 뒤에 있는 명목 혹은 단순한 이름에 불과할 뿐, 정말로 실재하는 것은 개체밖에 없다고 주장했다. 오컴은 보편이 인간 정신의 추상 작용을 통해 생겨난 사고의 산물로서, 일단의 개체를 대표하는 기호에 불과하며 그 자체가 실재하는 것은 아니라고 보았다. 흔히 경험하듯이 각각의 개체들이 공통적인 특성을 지니는 듯이 보이는 것은 사실이다. 따라서 사람들이 그러한 공통점에 관심을 갖게 될 경우, 그것을 공유하는 대상들에 적용될 수 있는 낱말을 만들어 내는데 이렇게 해서 개체를 가리키는 고유명사 이외에 일반명사가 생겨나게 된다는 것이다.

유명론자들에 의하면 실재론자들의 과오는 일반명사가 단순히 개체들을 구분하기 위한 이름에 불과한데도 그것이 가리키는 대상이 개개의 사물들 못지않게 실제로 존재한다고 생각하는 것에 있다. 실재론은 지나친 상상에 의존하고 있기 때문에 어떤 형태의 실재론이건 모순에 부딪히게 되어 있다. 예를 들어, 보편으로서의 사람이 플라톤의 경우처럼 개개의 사람들과 독립적으로 실재한다고 생각하면 그 보편으로서의 사람과 개개의 사람들, 그리고 오직 그것들만이 지니는 또 다른 특징을 생각하지 않을 수 없으며, 따라서 또 다른 보편으로서의 사람이 존재해야 한다. 반면 아리스토텔레스처럼 각각의 사람에게 보편으로서의 사람이 내재한다고 한다면 그 보편으로서의 사람이 하나인지 다수인지가 문제가 된다.

유명론자들의 의도는 교회를 배척하기 위한 것이 아니라 오히려 신앙의 영역과 지식의 영역을 분리함으로써 신앙의 권위를 지성에서 독립하여 절대적인 것으로 보전하려는 데 있었다. 그럼에도 불구하고 그들의 이론은 종교계 내에서도 신앙을 이성에 적합하게 정립시키려는 스콜라철학을 무너뜨리고 교회의 권위가 흔들리게 하는 결과를 낳았다. 또한 철학적으로는 보편적 개념보다는 개체를, 이성적으로 사유보다는 경험을 중시하는 경험론이 하나의 주도적인 흐름으로 자리 잡게 되었고, 사회적으로는 사회 전체보다는 개별적인 개인을 중요시하는 개인주의가 확산되기 시작했다. 그리고 이러한 모든 결과는 실재론이 지배적이던 시절에 확립되었던 중세적인 종합을 와해시키고 근대라는 새로운 시대를 열어 주는 양상으로 나타났다.

1 이 용어도 플라톤의 이데아와 마찬가지로 '형상'으로 번역된다.

2 예를 들어, 병아리와 성장한 닭에는 닭의 형상이 내재해 있다. 그러나 성장한 닭에는 그것이 현실적으로 존재하는 반면, 병아리에는 잠재적으로만 존재한다. 닭의 형상이 잠재적으로만 존재하기 때문에 병아리는 엄밀하게 말해 닭이 아니다. 그러나 닭의 형상이 잠재적으로 존재한다는 점에서 병아리는 닭으로 변화할 수 있는 잠재적 능력을 지니고 있다고 말할 수 있다. 그러므로 성장을 저지받지 않는 한, 병아리는 닭으로 성장하며 닭 이외에 다른 것으로 변화하지는 않는다.

3 [전제 1] "존재하는 모든 것은 그것의 원인을 갖기 마련이다."가 가지는 의미는 존재하는 그 어떠한 것도 예외 없이 그 원인을 가진다는 것으로 '전칭 긍정 진술'이다. 여기에 예외가 있다면 전칭 진술은 성립될 수 없다. 왜냐하면 단 하나라도 예외가 있다면 '특칭 진술'이 되기 때문이다. 그런데 [전제 2]는 "존재에 대한 인과의 계열은 언젠가 끝이 나야 한다."라는 전제로서, 이 진술이 가지는 의미는 인과의 계열에 대해 무한 퇴행을 허용하지 않는다는 것으로 궁극적인 원인에 해당하는 제1원인을 제외하고 나머지 모든 것은 원인을 가진다는 의미를 함축한다. 그렇다면 제1원인 단 하나를 제외하고 있다는 점에서 이는 특칭 진술이 되고 만다. 결국 두 전제가 동시에 성립될 수는 없다. [전제 1]은 전칭 진술로서 예외를 허용하지 않는 반면, [전제 2]는 특칭 진술로서 예외를 허용하기 때문에 긍정과 부정이 동시에 성립된다는 점에서 모순이 된다. 하지만 이러한 모순에서 벗어나기 위해 다음과 같이 논증을 수정할 수 있다. [전제 1] 제1원인을 제외한 모든 것은 그것의 원인을 갖기 마련이다. [전제 2] 존재에 대한 인과의 계열은 언젠가 끝이 나야만 한다. [결론] "궁극적인 원인이 존재한다. 그것은 곧 신이다." 이와 같이 수정할 경우 모순으로부터 벗어날 수 있다. 하지만 신의 존재를 증명한 것이라고 할 수 있는가? '제1원인을 제외한'이라는 의미는 아퀴나스의 의도에 따를 경우 '신을 제외한'이라는 의미와 논리적으로 동치가 된다. 말하자면 신이 존재함을 이미 전제하고 있다는 점에서 신의 존재를 증명했다고 할 수는 없다.

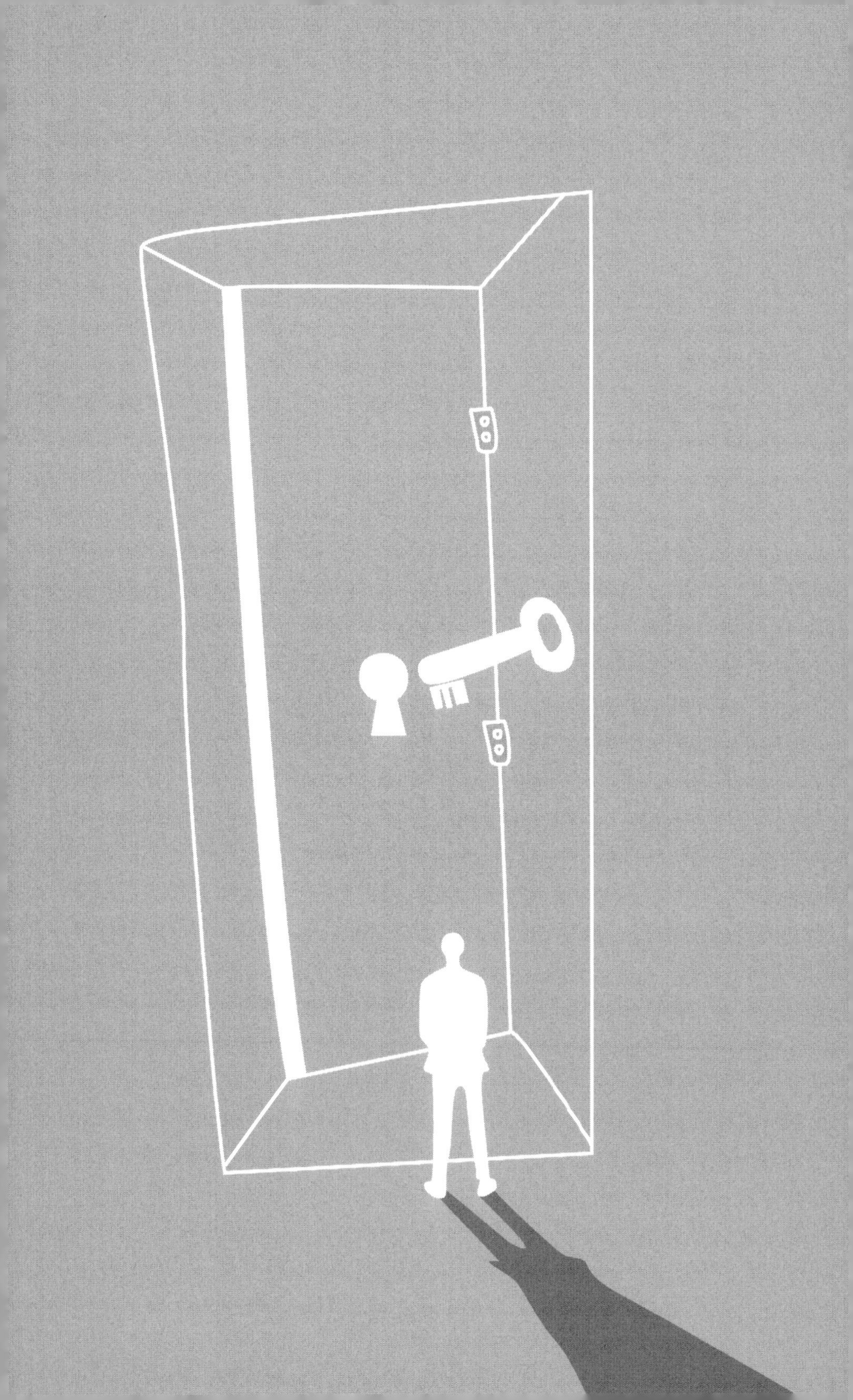

제4장

우리는 무엇을 알 수 있는가

1. '앎'이란 무엇인가

학문은 여러 영역에서 다양한 지식을 추구하기는 하지만, '지식(knowledge)' 그 자체를 탐구 대상으로 삼지는 않는다. 예를 들어, 수학에서는 수라든가 집합, 도형 등에 관한 여러 가지 성질을 탐구함으로써 수학적인 지식을 확립하지만, 수학적인 지식 자체를 문제 삼아 그 특징이 무엇인가 하는 물음을 제기하지는 않는다. 물리학도 물체의 운동과 변화에 관한 지식을 얻는 것을 목적으로 하지만, 물리학적 지식 자체가 탐구 대상이 되지는 않는다. 경제학 역시 재화의 생산과 소비에 관한 법칙을 탐구하지만, 경제학적 지식 그 자체를 탐구 대상으로 삼지는 않는다. 철학도 지식의 획득을 목표로 한다는 점에서는 수학, 물리학, 경제학

등 다른 여러 학문과 다르지 않다. 그러나 철학은 그 자체가 하나의 지식이면서 그 지식을 탐구 대상으로 삼는다는 점에서 다른 학문과 확연히 구별된다. 이러한 의미에서 철학은 가장 기초적인 학문으로 간주된다. 철학이 모든 학문의 기초적인 학문임을 가리키는 표현으로 '학문의 학문'이라는 말이 있는데, 이 말에는 각종 학적 지식이 철학적 탐구의 대상이 된다는 의미가 내포되어 있다.

이처럼 철학은 지식 자체를 문제 삼아 "수학적 지식은 다른 과학적 지식과 어떻게 다른가? 어떠한 조건을 충족시킬 때 우리는 안다고 할 수 있는가?" 등과 같은 물음을 제기한다. 또, 지식을 얻기 위해서는 어떻게 해야 하며, 인간이 알 수 있는 범위에 한계가 있는지, 한계가 있다면 그것은 어떠한 것인지 등의 문제를 다룬다. 이처럼 철학 가운데 지식을 대상으로 하는 분야를 지식론(theory of knowledge) 혹은 인식론(epistemology)이라고 한다. 전통적으로 지식론의 영역에서 가장 크게 다루어 온 문제는 '인간이 얻을 수 있는 지식은 어디까지인가'와 지식과 지식이 아닌 것을 구분하는 기준, 즉 '지식의 본질적인 특징은 무엇인가'였다.

그 두 물음은 서로 관련이 있다. '인간이 얻을 수 있는 지식은 어디까지인가'에 대한 답변은 지식과 지식이 아닌 것을 구분하는 기준이 무엇인가에 대한 물음을 해결한 뒤에야 얻을 수 있다. 지식과 지식이 아닌 것을 구분하는 기준을 확립한다는 것은 곧 지식을 정의(definition)하는 것과 같은 의미다. 여기에서 지식에 대해 정의하기에 앞서 '안다'는 낱말이 어떻게 사용되고 있는가에 대해 주목할 필요가 있다. 일상생활에서 '안다'라는 말은 상당히 다양하게 쓰이지만, 대부분의 학문에서 얻어지는 지식은 명제적 지식(knowledge of proposition)에 해당한다.[1] 학문만이 아니라 "나는 청와대가 삼청동에 있다는 것을 안다.", "동수는 만유인력의 법칙이 뉴턴에 의해 발견되었다는 것을 모르고 있다." 등의 예에서 보는 것처럼 우리 주변에서도 명제적인 지식의 예를 많이 발견할 수 있다. 명제적인 지식은 그 내용이 명제로 표현될 수 있다는 점에서 언어를 사용하지 않는 동물에게는 불가능하며, 인간만이 가질 수 있는 것이다. 이러한 이유로 지식론에서 명제적인 지식만이 문제가 된다.

무엇보다 지식에 대해 제기할 수 있는 가장 중요한 물음은 "앎이란 무엇인가?"일 것이다. 그 물음은 지식을 어떻게 정의할 것인가에 관한 문제로, 지식과 지식이 아닌 것을 구분하는 기준이 무엇인가에 대해 묻는 것이다. 다시 말해 어떤 조건이 갖추어졌을 때 비로소 지식이라고 할 수 있는가에 관한 물음으로서, "어떤 경우에 그 사람이 명제 P를 안다고 할 수 있는가?" 혹은 "지식이 성립하기 위한 필요충분조건은 무엇인가?"라는 물음에 해당한다.

서양에서 그러한 질문에 대해 처음으로 가장 진지하게 생각했던 인물로 플라톤을 꼽을 수 있는데, 그는 『대화편』에서 지식에 대해 규정하기를 "단순한 추측이나 억측이 아니라 합당한 근거가 있는 참된 명제를 믿을 때 그 명제가 참임을 안다고 말할 수 있다."라고 했다. 즉, 어떤 사람이 명제 Q에 대해 Q가 참이라고 생각하고 있고, Q가 실제로 참이며, 그 사람이 Q가 참이라고 믿을 만한 합리적인 근거를 지니고 있는 경우에 한해 Q를 안다고 말할 수 있는 것으로 이해할 수 있다. 이와 같이 지식을 '정당화된 참인 생각' 혹은 '믿음'과 동일시하는 이러한 플라톤의 정의에 대해 그 후 많은 철학자들도 타당한 것으로 인정해 왔다. 그렇다면 플라톤의 생각이 왜 타당한지에 대해 더욱 세부적으로 살펴볼 필요가 있다.

어떤 사람이 Q임을 알고 있다면, 그것은 곧 그가 Q라고 생각하고 있음을 의미한다. 왜냐하면, 아무런 생각도 가지고 있지 않은 사람에 대해 그가 어떠어떠함을 안다고 말할 수는 없기 때문이다. 예를 들어, 철수가 박정희가 대한민국 제5대 대통령이라는 사실에 대해 들어본 바가 없다면, 박정희가 대한민국 제5대 대통령이라는 생각은 전혀 하지 못할 것이다. 이처럼 박정희가 대한민국 제5대 대통령이라는 생각조차 가지고 있지 않다면, 박정희가 대한민국 제5대 대통령임을 알고 있다는 말은 더더욱 성립할 수 없음은 자명하다.

그러나 우리의 모든 생각이나 믿음이 곧바로 지식이 되는 것은 아니다. 다시 말해, 무언가를 믿는 것과 그에 대해 아는 것은 전혀 다르다. 강하게 믿는다면 곧 안다고 할 수 있다고 생각하는 사람도 있는데, 그러나 강한 신념이라고 해서 지식이 될 수는 없다. 어떤 명제를 강하게 믿는다는 것은 그 명제가 참일 것으로 굳게 믿는다는 것을 의미하는데, 그 명제가 참이라고 아무리 굳게 믿는다고 해도 실제로는 참이 아닐 수 있기 때문이다. 이처럼 우리가 참이라고 생각하는 것 혹은 믿는 것이 실제로는 거짓이라면, 그러한 생각이 아무리 강한 신념을 이루고 있다고 하더라도 그것은 단순한 확신에 불과할 뿐 지식이 될 수는 없다.

위와 같은 고찰은 어떤 사람이 P를 알고 있다고 말할 수 있으려면 그가 P라고 믿고 있을 뿐만 아니라 실제로도 P가 참이어야만 한다는 것을 말해 주고 있다. 그러나 명제 P가 참이라는 생각 혹은 신념은 지식이 되기 위한 필요조건에 불과할 뿐, 충분조건은 되지 못한다. 왜냐하면, 어떤 사람이 생각하는 바가 참이라고 해도, 그가 그것을 알고 있다고 말할 수 없는 경우가 있기 때문이다. 다음의 사례를 통해 살펴보자.

남편이 외출한 뒤에 때마침 장대비가 쏟아지기 시작하였다. 남편을 끔찍이 사랑한 부인은 남편이 비를 맞을 것을 걱정한 나머지 '희망적인 생각'에서 남편이 반드시 우산을 가지고 외출했을 것이라고 확신한다. 그런데 남편은 사실 전날 일기 예보를 듣고 비가 올 것을 예상하여 우산을 들고 외출하였다. 따라서 남편이 우산을 가지고 외출했을 것이라는 부인의 믿음은 참인 것으로 밝혀진 셈이다. 그러나 부인의 확신은 근거 없는 희망적 사고이지 지식이라고 할 수 없다. 왜냐하면, 어떤 것이 사실이면 좋겠다는 강한 희망으로 인해 믿게 된 명제가 운(運)이 좋게도 참으로 밝혀진 것이기 때문이다. 그런 점에서 부인의 생각은 참된 생각이기는 하지만, 정당한 근거가 있는 참된 믿음은 아닌 것이다. 반면, 남편의 경우 일기 예보를 듣고 비가 올 것으로 예상하고 이를 믿었다면 그의 믿음은 상당한 근거가 있다고 말할 수 있다. 따라서 남편은 비가 올 것을 예측하고 있었다고 말할 수 있다.

위의 사례는 참된 신념이 지식이 되기 위한 필요조건이기는 하지만 그것만으로는 충분하지 않으며, 지식이 되기 위해서는 반드시 정당한 근거가 동반되어야 한다는 것을 보여 준다. 플라톤이 지식을 '정당화된 참인 신념'으로 정의한 것은 바로 이러한 이유에서 비롯된다.

2. 합리주의와 경험주의

위에서 우리는 지식을 합당한 근거를 지닌, 혹은 정당화된 참인 믿음으로 정의할 수 있음을 보았다. 이러한 지식의 정의를 받아들일 때, 우리는 정당화의 조건과 관련하여 두 가지 물음을 제기할 수 있다.

첫 번째 물음은 정당화가 반드시 단 한 번으로 끝날 수 없다는 사실에서 제기된다. 예를 들어, 철수는 '광해군은 현명한 군주다.'라고 생각했다고 하자. 지식의 정의에 비추어 철수의 생각이 참이라고 하더라도 그것이 지식이 되기 위해서는 철수가 그 생각을 뒷받침할 수 있는 합당한 근거를 지니고 있어야 한다. 그 근거로서 철수는 광해군이 어려서부터 총명했다는 사실, 임진왜란을 슬기롭게 극복했다는 사실, 그가 발휘한 뛰어난 외교술, 대동법 실시 등을 꼽을 수 있을 것이다. 그러나 철수가 자신이 든 그러한 근거들에 대해 또다시 그것들을 정당화해 줄, 그 이상의 근거를 갖고 있지 않다면 그의 근거는 완전하다고 할 수 없으며, 그러므로 철수가 광해군이 현명하다는 것을 알고 있다고 말할 수 없게 된다.

이렇게 해서 믿음을 정당화하려 할 경우, 하나의 믿음에서 그것을 정당화하는 다른 믿음들로 계속 후퇴하게 된다. 그러나 그러한 정당화의 후퇴 과정이 한없이 계속된다면 어떤 믿음도 궁극적으로 정당화되지 않을 것이고, 우리는 어떤 지식도 얻을 수 없게 될 것이다. 그러므로 지식이 전혀 불가능하다는 '회의주의'에 빠지지 않으려면, 하나의 근거를 정당화하기 위해 또 다른 상위의 근거를 확립하는 과정이 어디선가 반드시 끝나야 한다. 그 과정의 끝에 위치하는 믿음은 기초적인 믿음으로서 다른 어떤 근거에 의해서도 정당화될 필요가 없는 것이어야 할 것이다.

지식의 문제와 씨름한 데카르트(R. Descartes)를 비롯한 근대의 철학자들은 대부분 위에서 말한 의미에서의 기초적인 믿음이 존재한다고 생각했다. 기초적인 믿음의 내용을 담은 근본 명제들은 별도의 정당화가 불필요하다. 단지 그 명제를 참이라고 생각하는 것만으로 그 명제가 참임을 알고 있다고 말할 수 있는 것들이다. 그렇다면 정당화와 관련해 첫 번째로 도대체 어떤 종류의 명제가 그러한 기초적 명제가 될 수 있는지에 대한 물음이 제기된다.

정당화와 관련된 또 다른 물음은 어떤 관계가 성립할 때, 일단의 믿음이 다른 믿음을 정당화하는 근거가 될 수 있는가 하는 것이다. 철수의 예를 다시 들면, '광해군이 어려서부터 총명했다.', '광해군이 뛰어난 외교술을 발휘하여 전쟁 없이 영토를 수호했다.' 등의 명제들이 '광해군은 현명하다.'라는 믿음과 도대체 어떤 관계가 있기에 전자의 믿음들이 후자의 믿음을 정당화하는지에 대해 물어야 한다.

위에서 말한 기초 명제와 정당화 관계에 관한 물음은 근대 지식 이론에서 가장 중요한 물음이다. 근대 철학에서 가장 첨예한 대립을 벌였던 합리주의자들과 경험주의자들 간의 차이도 바로 이 물음에 답변하는 과정에서 발생한 것이었다고 할 수 있다.

2.1 합리주의에 따른 지식과 그 정당화

근대 서양의 합리주의자들은 우선 어떤 지식을 근거로 다른 지식을 확립해 가는 방법으로서 연역적인 방법을 주장하였다. 그들은 어떤 믿음들로부터 다른 하나의 믿음이 연역적으로 추리될 경우에 한해, 전자의 믿음들이 다른 믿음을 뒷받침하는 정당한 근거가 된다고 생각했다. 따라서 모든 지식은 어떤 최초의 기초적 믿음으로부터 연역적으로 타당한 추론에 의거하여 단계적으로 이끌려 나옴으로써 성립한다고 생각했다.

합리주의자들이 연역 추리를 중시했던 것은 학문적인 지식의 가장 중요한 특징이 확실성에 있다고 보았기 때문이다. 특히, 근대 합리주의의 기초를 제공한 데카르트는 근대 과학이 무엇보다도 의심할 바 없이 확실하다는 점에서 혼란스러운 중세의 스콜라철학이나 신학과 뚜렷이 구별된다고 생각했다. 근대 과학 지식의 확실성이 어디에서 비롯되는가를 밝혀내는 과정에서 그는 기하학 등에서 널리 사용되고 있는 연역적 방법에 주목하게 되었다.

앞의 장(章)에서 배운 타당한 연역 추론은 귀납 추론과는 달리 모든 전제가 확실하게 참이기만 하면 결론도 확실하게 참이 된다. 따라서 연역적인 방식으로 확립된 지식은 기초적인 지식을 이루는 최초의 기초적 믿음 혹은 근본 믿음을 이루는 명제가 확실하게 참이기만 하면 모두 확실한 지식이 된다. 기하학에서는 공리가 그러한 최초 명제의 역할을 하고 있다.

데카르트에게 확실한 지식으로서의 학문적 지식을 확립하기 위해 남은 것은 이제 그와 같은 기초적 믿음을 찾아내는 일이었다. 기초적 믿음은 다른 어떤 믿음에 의해 정당화되는 것이 아닌 스스로 정당화(self-justified)될 수 있는 것이어야 하기 때문에 의심할 수 없을 정도로 확실한 것이어야 했다. 그러한 기초적 믿음을 찾기 위해 그가 동원한 것이 '회의의 방법'이었다. 데카르트는 의심의 여지가 조금이라도 있는 믿음을 배제하기 위한 방법적 회의(methodical doubt)에 의해 궁극적으로 자신이 목표로 하는, 전혀 의심할 수 없는 "나는 회의한다."라는 기초적 명제를 확립했다. 모든 지식의 기초가 될 수 있는 근본 명제를 확립한 이상, 데카르트는 이제 그 믿음을 토대로 해서 학문적 지식의 가능성을 다시 회복해야 했다.

그런데 위의 데카르트의 근본 믿음에서 '나(self)'가 의미하는 것은 육체로서의 '나'가 아니라, 생각을 하는 사유적(思惟的) 존재로서의 '나'라는 사실에 유의해야 한다. 의심의 여지 없이 확실한 것이란 오직 사유하는 정신적 존재로서의 나밖에 없다고 한다면 모든 지식은 오직 정신의 내용물인 관념에서 비롯될 수밖에 없다. 나의 정신 안에는 여러 종류의 관념이 있지만, 대부분은 외부의 대상을 감각에 의해 경험함으로써 형성된 것들이다. 예컨대, 눈(雪)을 보고 '희다'는 관념이 형성되고, 얼음을 만져 보고 '차다'는 관념이 형성된다. 데카르트는 이러한 관념이 모두 우리 외부의 대상에서 유래된 것이기 때문에 '외래 관념(外來觀念)'이라고 불렀다. 하지만 이러한 종류의 관념들은 경험에 의해 획득된 것이므로 그 대상이 지닌 본래의 모습과 반드시 일치한다고 장담할 수 없기 때문에 지식의 기초로 삼을 수가 없다.

관념이 오직 경험에 의해 형성되는 외래 관념뿐이라면 과학적 지식을 비롯한 일체의 지식이 불가능할지 모른다. 그러나 데카르트는 경험과는 무관하게 이성의 능력으로부터 유래하는, 이른바 '본유 관념(本有觀念)'도 있다고 주장했다. 본유 관념이란 경험에서 비롯되는 것이 아니며 우리가 이성을 갖춤으로써 지니게 되는 관념을 의미한다. 그는 본유 관념의 한 예로 신의 관념을 들면서, 이러한 본유 관념을 직관함으로써 얻어지는 명제는 의심할 수 없는 확실한 명제이기 때문에 모든 학문적 지식의 기초로 삼을 수 있다고 생각했다.

데카르트와 같은 합리주의자들에게 지식의 가능성은 본유 관념에 대한 직관(intuition)과 연역적인 추론에 의한 단계적인 정당화에 의존한다. 그런데 본유 관념을 직관한다거나 연역 추리를 행하는 일은 모두 경험과는 관련 없는 선험적(이성적)인 작업이다. 그렇기 때문에 합리주의자들이 지식을 획득하는 일에서 모든 경험을 배제할 것을 역설한 것이다. 지식에 관한 그들의 이론을 이성주의 혹은 합리주의라고 부르는 이유도 여기에 있다.

합리주의란 이처럼 지식, 특히 과학적 지식의 특징이 확실성에 있는 것으로 보고 그 확실성의 원천을 이성적인 것에서 찾는 입장이라고 할 수 있다. 지식의 원천을 이성적인 것에서만 찾는 이러한 이성 위주의 지식 이론은 수학이나 논리학 등과 같은 형식적인 학문에 대해서는 그런대로 잘 들어맞는다고 생각된다. 그러나 물리학과 같은 경험적인 학문에 대해서는 그다지 설득력이 없다고 생각하는 철학자들이 많다. 이들은 지식이 어떻게 가능한가를 설명하기 위해서는 경험의 역할을 제대로 인정해야 할 뿐 아니라 더 나아가 지식의 원천을 경험에서 찾아야 한다고 주장한다.

2.2 경험주의에 따른 지식과 그 정당화

근대 경험주의자들은 모든 지식이 궁극적으로 우리 정신 안의 내용물인 관념을 토대로 이루어져야 한다는 점에서는 데카르트와 의견을 같이했다. 그러나 어떤 종류의 관념이 그러한 토대가 될 수 있는가 하는 문제에 대해서는 견해가 달랐다. 로크(Locke, J.)와 같은 경험주의자들은 우선 경험과는 아무 상관 없이 이성 그 자체의 능력으로부터 유래하는 본유 관념의 가능성을 한사코 거부하였다. 그들은 데카르트가 예로 든 신(神)의 관념만 해도 그러한 관념을 지니지 않은 사람도 많을뿐더러, 지녔다고 해도 그 내용이 사람에 따라 너무도 다양하기 때문에 선천적으로 형성되었다고 보기는 어렵다고 역설했다.

본유 관념이란 존재하지 않으므로 인간의 정신은 원래 아무것도 쓰여 있지 않은 백지(白紙)와 같은 것이라고 생각해야 한다. 이러한 백지 상태의 정신은 경험에 의해 관념이라는 내용물이 채워지지 않는 한 영원히 그 상태로 남게 될 것이다. 모든 지식이 궁극적으로 관념을 토대로 하여 이루어지며, 또한 우리 마음속 어떤 관념도 경험하기 전에는 형성되지 않는다면, 지식이란 결국 경험에서 유래하며, 경험이 있기 전에는 어떤 지식도 성립할 수 없다는 결론에 이르게 된다.

대부분의 철학자들은 일반적으로 경험주의자들의 그러한 결론을 받아들이고 있는데, 그 점에 있어서만큼은 경험주의자들의 주장이 합리주의자들의 주장보다는 설득력이 있어 보인다. 데카르트는 아무런 경험 없이 오직 이성적인 직관과 추리만으로도 감각 세계에 관한 물리학, 생물학과 같은 경험적인 지식을 얻을 수 있다고 주장하지만, 이것은 이성의 능력을 너무나도 과대평가한 독단적인 주장이라고 할 수 있다.

경험주의자들은 모든 경험적인 지식, 그중에서도 특히 과학적인 지식에 관한 정당화 방법으로 귀납적 추론의 중요성을 강조했다. 그들은 연역적 추론이 비록 확실성을 보장할 수 있다고는 해도 전제에 담겨 있는 이상의 내용이 결론에 담길 수는 없기 때문에 우리 외부 세계에 관해 새로운 정보를 얻기 위한 추리로는 적합하지 않다고 주장했다. 따라서 새로운 지식을 얻기 위한 학문으로서 과학은 궁극적으로 경험된 것으로부터 귀납에 의해 성립된다고 보았다.

이렇게 볼 때, 경험주의자들에게 모든 지식은 경험에서 형성된 관념에 대한 지각으로부터 시작하여, 귀납적인 추론에 의한 정당화 과정을 밝아 얻어진다고 말할 수 있다. 경험주의자들의 이러한 견해는 특히 과학적 탐구가 외부 세계에 대한 우리의 지식을 확장시키는 데 어떻게 기여하는가를 잘 설명해 준다. 하지만 그러한 과정에서 경험주의자들은 지식이 갖추어야 할 덕목으로서 합리주의자들이 누누이 강조한 확실성을 희생시킬 수밖에 없었다.

경험주의에서 지식은 지각과 같은 경험을 통해 관념을 얻는 일로부터 시작하지만, 문제는 그와 같은 관념들이 반드시 외부의 대상과 일치한다는 것을 보장할 수 없다는 점이다. 예를 들어, 실제로는 흰 사물임에도 불구하고 붉은 전등 밑에서는 붉게 관찰될 수도 있다. 그러한 관찰에 의해 얻은 '붉음'의 관념에 의거하여 그 사물이 정말로 붉다고 할 경우 오류에 빠지게 된다. 이러한 불확실성은 정당화를 위해 귀납적 추리를 하는 과정에서 더욱 증대될 수밖에 없다. 왜냐하면, 귀납적 추리에서는 반드시 귀납적 비약이 따르기 때문에 결론이 그 추리의 근거가 되는 전제들만큼 확실할 수가 없기 때문이다.

경험주의의 더욱 큰 문제는 인간이 획득할 수 있는 지식을 경험에 바탕을 둔 것에만 한정하는 경험주의의 원칙에서 비롯된다. 그러한 원칙은 우리를 둘러싸고 있는 자연에 관한 지식을 얻기 위한 과학에서는 타당한 것으로 여겨진다. 그러므로 경험주의는 우리가 알 수 있는 것의 한계를 경험 과학에 국한하는 경향이 있다. 물론, 흄(D. Hume)은 궁극적으로 경험에서 비롯된 각종 관념 간의 관계에 관한 학문으로서 수학이나 논리학 같은 추상적인 지식의 성립 가능성도 인정했지만, 그러한 추상적인 지식이나 형이상학은 물론이고 윤리학과 같은 지식이 어떻게 가능한지를 충분히 설명하지 못했다.

지식이 무엇을 토대로 하여 시작되며, 어떠한 정당화 과정을 거쳐 얻어지게 되는지에 대한 합리주의자들과 경험주의자들의 설명은 각각 이성과 경험 가운데 하나에만 의존함으로써 지나치게 한쪽으로 치우친 경향이 있다. 지식이 어떻게 얻어지는가에 관한 합리주의자들의 설명은 지식의 확실성에 집착한 나머지 경험을 무시함으로써 독단적인 견해로 흐른 경향이 있다. 반면에, 경험주의자들은 지식이 지닌 경험적인 요소를 강조하는 데만 급급하여 지식을 유용하기는 하지만 불확실한 억측으로 만들었다는 평가를 받고 있다. 이렇게 평가하는 칸트와 같은 철학자는 지식이 이성과 경험 가운데 어느 하나가 아닌 양자의 협력에 의해 이루어진다는 것을 보임으로써 그 형성 과정에 관한 보다 공정한 설명을 얻을 수 있을 것으로 생각했다.

3. 우리가 알 수 있는 것의 한계는 어디까지인가?

앞에서 우리는 지식을 합리적인 근거에 입각한 참인 믿음으로 정의할 수 있음을 보았다. 이러한 정의에 비추어 볼 때, '우리가 알 수 있는 것과 알 수 없는 것의 한계는 무엇인가?'라는 질문은 우리가 합리적인 근거에 비추어 참인 것으로 확립할 수 있는 명제가 무엇이냐는 물음이 될 것이다. 이러한 물음은 답변할 수 없는 것으로 생각될 수도 있다. 왜냐하면 알 수 있는 것과 알 수 없는 것의 경계를 알기 위해서는 그 양쪽 경계를 모두 알아야 하기 때문이다. 그것은 알 수 없는 것에 대해서도 어느 정도 알아야 한다는 것을 의미하는데, 알 수 없는 것을 안다는 것은 모순이므로 불가능하다.

알 수 있는 것과 알 수 없는 것의 경계를 구분 지을 수 있다고 생각하는 사람들 가운데 가장 극단적인 입장은 그 경계에서 인간이 알 수 있는 영역을 이루는 요소는 전혀 없다는 것이다. 이것은 우리가 아무것도 알 수 없다는 견해를 반영하는 것으로, 이러한 주장을 회의주의(懷疑主義)라고 부른다. 회의주의자들은 지식을 얻을 수 있는 인간의 능력에 대해 전면적으로 부인한다. 회의주의의 대표적인 사례로 고대 그리스 소피스트들의 입장을 들 수 있는데, 그들이 말하는 지식은 플라톤이 정의한 지식이 아니며, 그러한 의미의 지식은 불가능하다는 것이 그들의 생각이다. 그들의 입장은 결국 아무것도 존재하지 않으며, 존재한다고 해도 그것에 관해 아무것도 알 수 없다는 것이다. 안다고 해도 그 지식을 다른 사람에게 전달할 수 없다는 극단적인 회의주의 입장을 반영한다. 따라서 인간의 인식 능력은 매우 미약하고 제한되어 있으며, 인간의 감각이나 이성 능력은 신뢰할 수 없기 때문에, 플라톤이 정의한 것과 같은 정당화된 믿음으로서의 지식은 결코 얻을 수 없다고 주장한다.

그러나 회의주의자들의 회의는 이처럼 새로운 진리를 얻기 위한 방법으로서의 회의, 즉 데카르트가 말하는 방법적 회의와는 거리가 멀다. 회의주의자들의 회의는 그러한 긍정적인 목적을 지닌 것이 아니라는 점에서 극단적으로 부정적인 입장을 취한다. 회의주의는 자신의 입장을 스스로 부정할 만큼 극단적이라고 생각하는 철학자들이 적지 않다. 왜냐하면, '어떤 지식도 불가능하다'는 주장이 설득력을 얻기 위해서는 특정한 명제 자체가 일정한 지식을 표현하고 있어야 하는데, 지식을 표현하고 있다는 것 자체가 부인될 수밖에 없기 때문에 그 어떠한 설득력도 지닐 수 없게 된다. 대다수의 철학자들은 위와 같은 이유에서 회의주의의를 받아들이려 하지 않는다. 그들은 우리가 알 수 있는 것의 영역이 있으며, 그것을 우리의 인식 능력에 의거하여 구분 지을 수 있다고 생각한다.

합리주의자들은 '이성으로 접근할 수 있는 것'만이 '인간이 알 수 있는 것'이라는 입장을 취한다. 대표적인 인물이 플라톤으로, 그는 "사각형의 내각의 합은 360°다."라는 참인 기하학적 명제에서 말하는 '사각형'이 경험으로는 접근할 수 없고, 오직 이성에 의해서만 파악할 수 있는 대상이라는 점에 주목했다. 그는 경험적으로 지각할 수 있는 사각형에 대해서는 어떤 참인 진술도 할 수 없다는 점을 근거로 들어, 오직 이성으로 접근할 수 있는 기하학적 모델, 즉 '사각형'과 같은 것에 대해서만 합리적 근거가 있는 참된 믿음을 얻을 수 있다고 주장한다. 따라서 이성적으로 파악할 수 있는 이데아에 속한 것만이 우리가 알 수 있는 것의 경계를 이룬다는 것이다.

데카르트는 지식이 지니는 특징을 확실성에 두고 있는데, 우리가 명료한 관념을 얻을 수 있는 것에 대해서만 지식을 얻는 것이 가능하다고 주장한다. 수학이나 철학, 그리고 자연과학은 그러한 명료한 관념에 토대를 두고 있기 때문에 지식으로 인정될 수 있지만, 경험으로부터 얻어진 관념은 그러한 확실성을 갖고 있지 않으므로 어떤 경우에도 지식이 될 수 없다는 것이다.

우리가 알 수 있는 것의 한계를 이성이 접근할 수 있는 것으로 국한하려 한 합리주의자들과는 대조적으로 경험주의자들은 어떤 지식도 경험에 기초하지 않고서는 불가능하다고 주장한다. 그들은 경험에서 비롯된 관념에 의거하지 않고도 우리 외부의 세계를 알 수 있다는 합리주의자들의 생각은 독단(獨斷)에 불과하다고 여겼으며, 지식은 오직 경험에서 비롯된 관념에 토대를 두어야 한다고 역설했다. 이에 대해 흄은 우리가 알 수 있는 것은 우리의 경험을 토대로 한 경험적 지식과 관념들 간의 관계에 관한 수학, 논리학과 같은 추상적인 지식의 범위를 넘어서지 못한다고 보았다. 이러한 흄의 견해에 따르면 전통적으로 철학에서 가장 중요하게 여겨온 형이상학의 명제들은 그 어느 것에도 속하지 않기 때문에 지식의 영역에 속하지 않게 된다.

형이상학을 인간의 알 수 있는 영역 밖으로 배제하려 한 것은 현대 경험주의자라고 할 만한 논리적 실증주의자(logical positivist)들도 마찬가지다. 그들은 '의미 있는 명제'와 '의미 없는 명제'를 구분하는 기준을 제시할 수 있다고 주장했는데, 의미 없는 명제들은 참도 거짓도 될 수 없기 때문에 '정당화된 참인 믿음'이라는 전통적인 지식에 대한 정의 역시 그 어디에도 속할 수 없다는 것이다. 그런데 논리 실증주의자들은 우리가 종래 심오한 지식으로 간주해 온 형이상학과 종교, 심지어 윤리학의 명제들까지도 실은 무의미한 명제임이 드러났다고 주장한다. 그러므로 그러한 분야에 속한 명제들은 정당한 지식의 내용을 표현하고 있는 것으로 볼 수 없다는 것이다.

칸트는 이성과 경험 가운데 어느 한쪽에 치우치지 않고 경험과 이성이 상호 조화를 이룰 때 지식이 형성된다고 보았다. 그렇지만 경험과 이성과 같은 인간의 인식 능력은 어떤 특정 영역의 문제에 제한적으로 관여한다. 그러므로 그러한 영역을 넘어서는 문제에 대해서는 경험과 이성이 조화롭게 개입한다고 하더라도 인간으로서는 그 답을 알 수 없으며, 결국 그 문제들은 인간으로서는 알 수 없는 영역의 문제에 속하게 된다.

칸트에 따르면 인간이 알 수 없는 문제의 특징으로, 완전히 모순된 두 개의 명제가 그 문제에 대한 답변이 된다는 점과 그 어느 것도 해답이 될 수 없다는 점을 들었다. 예를 들어, 칸트는 우주의 시간적 시원(始原)과 공간적 한계가 있는지를 묻는 문제에 대해 '우주가 시간적으로 시초가 있으며 공간적으로도 한계가 있다'는 명제와 '시간적으로 시초가 없으며 공간적으로도 무한하다'는 두 명제 모두 참이 아니며 이것은 그 문제가 인간으로서는 해결할 수 없는 문제임을 보여준다고 생각했다.

1 일상생활에서 '안다'라는 말은 상당히 다양하게 쓰인다. 다음은 그 말이 사용되는 몇 가지 대표적인 사례다. ① 동수는 영희를 안다. ② 나는 컴퓨터를 다룰 줄 안다. ③ 나는 부모님께 거짓말을 해서는 안 된다는 것을 안다. ④ 영자는 2 더하기 4가 6이라는 것을 안다. ①에서 '동수가 영희를 안다'는 것은 그가 영희를 만나 보았거나 다른 사람을 통해 영희에 관한 정보를 충분히 갖고 있어서, 영희와 다른 사람과 구분할 수 있다는 의미일 것이다. 이러한 의미에서 특정한 대상을 확인하거나 찾아내는 능력은 인간뿐만 아니라 동물에게도 있다. 개가 주인과 다른 사람을 구분할 수 있는 것이 그 사례에 해당한다. 이와 같은 경우에 '안다'고 하는 것은 단순히 감각적으로 대상을 구분해 낼 수 있다는 뜻으로서 이러한 의미의 지식은 지식론에서 관심사가 아니다. ②의 경우에 '안다'는 어떠한 능력이 있다는 뜻이다. 따라서 누가 컴퓨터를 다룰 줄 아느냐고 물을 경우, 그 자리에서 컴퓨터를 다루어 보임으로써 답할 수 있다. 이 경우 '안다'는 것은 어떤 것을 수행하는 방법 내지는 능력을 가지고 있다는 의미다. 그렇지만 이와 같은 방법적 능력도 인간만이 지니고 있는 것으로 보기는 어렵다. 우리는 훈련된 군견이 지뢰를 찾아낼 줄 알고, 돌고래가 공으로 묘기를 부릴 줄 안다고 말하는데, 이 경우의 '안다'도 단순한 반복적 학습이나 훈련에 의해 특정한 동물이 어떤 방법적 능력을 획득했음을 의미하는 것이다. 이러한 의미에서 안다는 것은 반드시 지적인 상태를 의미하지 않으며, 그러므로 우리가 탐구하고자 하는 지식이 되지 못한다. ③의 경우에서 '안다'는 앞의 경우처럼 단순히 감각적으로 알아볼 수 있다거나 방법적 능력이 있음을 의미하지 않는다. 이 경우에 지식은 어떤 내용을 지니는데, 그것은 명제의 형태로 표현할 수 있다. 이것은 ④도 마찬가지다. 이 두 가지 경우, 모두 어떤 적당한 명제 P에 대해 '누구누구가 P를 안다.'는 것을 언명하는 것으로 해석할 수 있다. 예를 들어, ④의 경우에 영자가 알고 있는 내용을 '2 더하기 4는 6이다.'라는 명제로 나타낼 수 있으며, 따라서 영자가 지식을 갖고 있다는 사실을 '영자는 2 더하기 4가 6임을 안다.'라고 표현할 수 있다. 이처럼 그 내용을 명제로 표현할 수 있는 지식을 명제적 지식(命題的知識)이라고 한다.

철학적 주제와 물음들

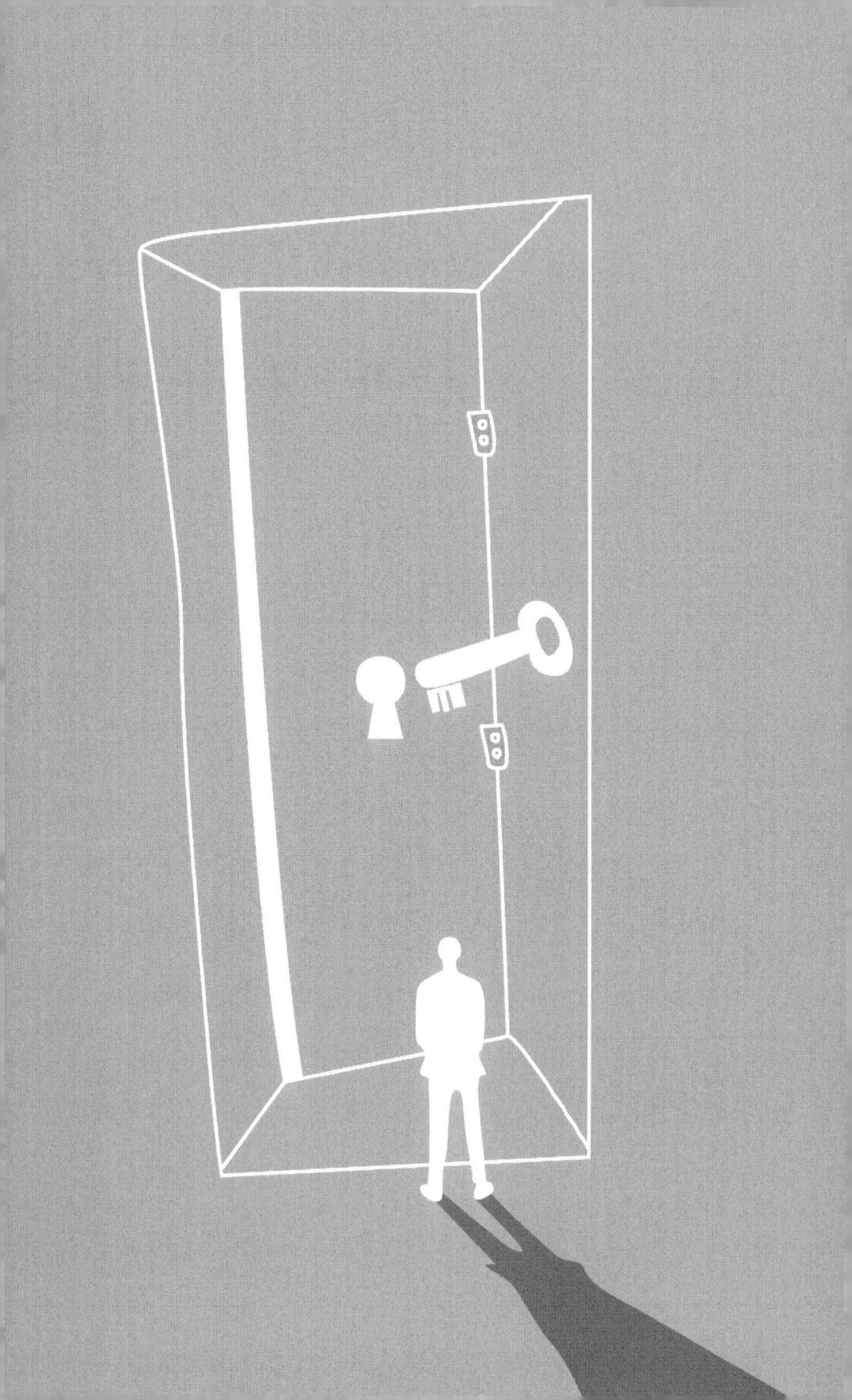

| 제5장 |

인간에게 자유의지가 있는가

1. 자유의지는 존재하는가

실존주의 철학자 사르트르(Jean Paul Sartre)는 "인생은 출생과 죽음 사이의 선택이다."라는 말로 인간의 삶을 표현하고 있다. 이는 인간 스스로 '자유의지(free will)'[1]를 지니고 스스로 선택한 삶에 책임을 지며 살아야 한다는 의미로 받아들일 수 있다. 그런데 정말 우리는 자신의 의지 또는 자유에 따라 선택할 수 있는 존재일까? 어쩌면 내가 선택했다고 믿는 순간과 결과들이 누군가에 의해 혹은 운명적으로 결정된 것은 아닐까? 여기에서 전자가 자신의 행위에 대한 결정을 스스로 통제하고 선택할 수 있다는 전제하에 인간에게 자유의지가 있다는 입장이라고 한다면, 후자는 일련의 모든 사건과 사태가 선행되는 원인에 의해 필연적으로 결정되어 있다는 입장이다.

자유의지의 문제를 둘러싼 이러한 대립이 의미가 있는 것은 삶의 주체가 자신에게 있다는 철학적 함의뿐만 아니라, 현실적 문제인 '도덕적 책임 문제'와 연관되어 있기 때문이다. 일반적으로 한 개인은 자신의 행위에 대해 책임을 지도록 요구받는데, 자유의지가 존재하느냐 그렇지 않느냐에 따라 책임 소재가 달라진다. 자유의지론자들은 어떤 행위자 X가 어떤 행위 A를 자유의지에 따라 했다는 것은 그가 실제로는 A를 행했지만, 그 당시 A 이외에 다른 행위를 선택할 수 있었다는 사실을 함축하며, 따라서 그가 A 이외의 다른 행위를 할 수 있었음에도 불구하고 실제로 A를 행함으로서 X는 A의 결과에 대해 책임을 져야 한다는 것을 의미한다고 주장한다. 반대로 결정론자들은 우리가 실제로 한 행위 이외에 다른 어떠한 행위도 할 수 없다고 주장한다는 점에서 자유의지론자와는 그 책임 소재에 대한 성격이 근본적으로 다르다.

1998년 피터 위어 감독의 영화 「트루먼 쇼」에서는 샐러리맨인 트루먼(짐 캐리)이 태어난 순간부터 서른 살 가까이 될 때까지 그의 일거수일투족이 24시간 TV를 통해 방송된다. 트루먼은 자신의 자유의지에 따라 삶을 선택하며 살고 있다고 믿지만, 그 세계는 가공된 스튜디오의 연출자에 의해 철저히 계산되고 조작된 결정론적 관점에 따른 세계다. 이 영화는 과연 인간에게 자유의지가 존재하는가에 대해 깊이 성찰할 수 있는 좋은 사례에 해당한다.

이러한 사례를 통해 '자유의지'에 대한 철학적 접근을 시도하고 그 대안을 모색하는 것은 매우 흥미롭고 의미 있는 일일 것이다. 무엇보다 우리가 의심의 여지 없이 받아들였던 '자유의지'에 대해 그 타당성을 그 대안적 가능성과 함께 다각적으로 검토해 보고, 도덕적 책임의 문제와 어떠한 연관성을 갖는지에 대해 살펴본다는 것은 결국 인간의 본성에 대한 해명의 문제로 귀착된다.

2. 자유의지와 결정론 간의 논쟁

자유의지를 둘러싼 논쟁은 결국 인간의 자유로운 선택에 대해 회의하는 것으로부터 시작된다. 그렇다면 과연 우리가 무언가를 선택한다는 것은 곧 자신의 자유로운 의지에서 비롯되는 것일까? 이에 대해 결정론자들은 인간 스스로 선택하는 것처럼 보이는 요소들이 사실은 어떤 행위나 요인에 의해 결정되어 강제되고 있기 때문에 다른 결과는 있을 수 없다고 주장한다. 여기에 속하는 대표적인 이론으로 기독교 철학자들을 중심으로 이루어진 신의 전지전능성을 바탕으로 한 결정론, 즉 예정조화설과 과학적 방법론을 근간으로 하는 인과율에 따른 결정론 등을 들 수 있다.

그 어떠한 사건이든 그러한 사건의 결과에는 반드시 원인이 존재하며, 그에 따라 인간의 행위 역시 이미 결정되어 있다는 인과율의 원리에 기초한 물리주의적 결정론은 행위를 인과율의 원리가 아닌 자유의지의 지배를 받는 것으로 보는 자유의지론과는 정면으로 배치된다. 영화 「트루먼 쇼」의 주인공 트루먼 버뱅크는 메릴이란 여인과 결혼하였고 보험회사에 근무하며, 어린 시절 아버지가 익사하는 것을 보고 물에 대한 공포증이 있는 남자다. 영화 속에서 주인공은 일련의 상황이 자신의 의지와 자유에 따른 결정이라기보다는 특수한 힘에 의해 이끌린 것 같다는 의심을 하고, 자신의 회의를 통해 결국 모든 환경적 배경이 그 어떠한 것도 선택할 수 없었던 연출의 일부분임을 깨닫는다. 영화의 의도는 전지전능한 신의 존재에 대한 상정과 더불어 철저히 인과율의 원리에 따른 결정론적인 입장이 깔려 있다.

2.1 자유의지론에 대한 옹호와 결정론의 문제

결정론과 자유의지론의 논쟁에서 가장 큰 쟁점은 실제로 한 행위 이외에 다른 행위를 선택할 수 있는가의 문제에서 비롯된다. 영화 속 트루먼이 메릴이란 여인과 결혼을 했지만, 그 당시 메릴을 선택하지 않고 다른 여성을 배우자로 선택했거나 혹은 아무도 선택하지 않을 수 있었을까? 만약 현재의 부인 메릴을 선택하기 이전으로 되돌아가 그 당시 다른 여자를 선택하거나 그런 선택이 불가능하다는 것을 입증할 수만 있다면 이 문제는 간단히 풀릴 것이다. 그런데 문제는 지난 과거를 되돌릴 수 없으며 어떤 실험이나 관찰로도 입증할 수 없다는 사실이다.

자유의지론자들은 일상생활에서 우리가 어떤 선택적인 상황에 부딪혔을 때, 심사숙고한 후에 하나의 대안을 선택한다는 사실을 근거로 인간은 자유의지를 가진다고 주장한다. 여러 대안 가운데 무언가를 스스로 선택하기 위해 숙고한다는 것 자체가 다른 행위를 할 수 있음을 의미하기 때문이다. 또한 자신에 대해 반성해 볼 때, 많은 행위를 자신의 의지에 따라 행하고 있음을 쉽게 느낄 수 있다는 점에서 자유의지의 존재를 받아들이는 것이 자연스럽다고 주장한다.

반대로 결정론자들은 자신의 마음을 들여다본 후에 내린 결정을 항상 신뢰할 수는 없으며, 다른 행위를 할 수 있다고 믿는 것과 실제로 그렇게 행하는 것은 확연히 구분된다는 것을 그럴 수 있다고 믿는 것과 실제로 그렇게 할 수 있는 능력이 상호 일치하지 않는다는 로크의 사례를 통해 설명하고 있다.[2] 물론 행위의 결과를 신뢰할 수 있다고 하더라도 자유의지론자들과는 다르게 그러한 행위를 하지 않을 수 없는 인과적 요소를 항상 찾을 수 있다고 주장한다.

다시 트루먼의 부인 메릴의 사례를 통해 살펴보자면, 실제 그녀가 첫사랑이 아님에도 그는 메릴과 결혼을 했다. 하지만 메릴은 트루먼쇼의 연출자가 섭외한 트루먼의 내정된 아내 역할이었다. 그는 의식하지 못했지만 메릴은 그가 가정을 이룰 수 있는 조건을 만족시키며, 그의 시선 안에 머무르는 역할을 수행했다. 또한 트루먼이 첫사랑과 이루어지지 않았기 때문에 시기적으로도 결혼하고자 하는 시점과 그의 의지가 일치한 것이다. 결국 트루먼의 부인은 필연적으로 메릴일 수밖에 없었던 결과로 귀착된다.

이러한 인과적 요인들을 통해 결정론자들은 자신의 논지를 강화시킬 수도 있겠지만, 한편으로는 이미 결정된 삶 속에서 인간의 존재가 '자동인형'과 같이 느껴지기도 할 것이다. 비어슬리(E.L.Beardsley)가 지적하듯이, "우리가 근본적인 인과적 제 요인을 감안한다면, 우리는 인간과 인간의 행위를 특이한 관점에서 바라보게 된다. …… 우리는 인간을 염소 떼와 양 떼로 여길 수는 없지만, 일종의 무리로서 간주하지 않을 수 없다."[3] 이러한 그의 주장에 따를 경우, 옳고 그름에 대한 도덕적 식별은 사실상 무의미하며, 이러한 관점에서 사람들은 칭찬과 비난을 받을 아무런 이유가 없는 것이다.

2.2 도덕적 책임의 문제

인간에게는 자유의지가 존재하기 때문에 자신의 행위에 대해 도덕적 책임을 물을 수 있다는 태도를 보이고 있는 칸트는 인간에게 도덕법칙이 존재하며 그 법칙을 준수하는 것이 모든 사람에게 공통으로 부과된 윤리적 책무라고 여겼다.[4] 자유의지가 존재할 때 도덕적 책임을 물을 수 있는 것은 물론 윤리적 의무 역시 도덕법칙을 근거로 하기 때문에, 도덕법칙은 자유의지의 인식 근거가 된다는 것이다. 즉 X가 존재하지 않으면, Y가 존재할 수 없다는 의미에서 X는 Y가 존재하는 근거가 되며, 반대로 Y의 존재로 X의 존재를 간접적으로 확인할 수 있기 때문이다.

반대로 결정론자들의 관점에 따르면 결국 그렇게 될 수밖에 없는, 즉 피할 수 없었던 행위에 대해 도덕적 책임의 적용 범위가 다르다. 모든 행위는 개인의 의사를 떠나 이미 처음부터 결정되어 있기 때문이다. 미국의 유명한 변호사인 클라랜스 대로우(Clarence Darrow)는 레오폴드(Leopold)와 로엡(Loeb) 사건(대학생 두 명이 14세 소년을 살해한 사건)의 재판에서 두 피고의 행위를 양립 불가능적 결정론 등을 원용하여 사형 대신 종신형으로 판결한 적이 있다. 이는 두 소년에게 당시 그러한 행위를 하지 않을 수 없도록 하는 원인적인 요소를 찾을 수 있었다는 결정론적 관점에 입각한 것이었는데, 부유한 가정에서 엘리트 코스를 받고 자란 외적인 환경과 달리 삶에 대한 의미를 찾지 못하고, 니체의 초인(超人)설 및 선민의식에 매혹되어 살인을 게임으로 간주했던 피고들의 인과적 요인들을 감안한 판결이었다. 피고의 행위를 그들의 '타고난 운명'으로 봄으로써 자유의지론자들이 주장하는 도덕적 책임과는 그 적용 범위가 달라야 함을 주장했다.

그렇다면 이러한 부도덕한 혹은 불법적인 행위에 대해 처벌하는 문제를 어떻게 보아야 하는가? 자유의지론자들은 당연히 스스로 도덕적 법칙을 위배한 행위에 대해 책임을 지고 처벌을 받아야 마땅하다고 여길 것이다. 도덕적 책임 소재가 불분명한 결정론자들 역시 부도덕한 행위를 한 사람에게 제재를 가해야 한다고 주장한다. 그가 그 행위 이외에 다른 행위를 선택할 수 있었음에도 문제의 부도덕한 행위를 실제로 했기 때문이 아니라, 한 공동체에 심각한 영향을 미치는 행위를 처벌하는 것이 차후에 그와 유사한 행위를 선택하지 않도록 결정하는 데 효과가 있기 때문이라는 이유다. 다시 말해 도덕적 응징이나 법적인 처벌은 어떤 행위자가 과거에 한 행위에 대한 응보로서가 아니라 미래에 미칠 효과 때문에 의미가 있다는 것이다. 예를 들어, 성범죄자에게 전자 발찌를 채우는 경우, 범죄자의 과거 행위에 대한 징벌적 의미의 처벌이 자유의지론적인 입장이라면, 결정론에서는 미래에 재발할 수 있는 범죄에 대한 경각심을 확인하게 하는 장치라고 볼 수 있다.

두 주장은 각기 나름의 타당한 이유를 들어 치열한 논쟁을 벌여 왔다. 지금까지의 논쟁은 결코 양립할 수 없는 각기 다른 두 주장을 둘 중 하나의 전제가 참이라는 전제하에 살펴보았다. 한편, 자유의지론과 결정론을 조화시키려는 견해로 양립가능론이 등장하게 된다.

3. 자유의지론과 결정론은 양립 가능한가

양립가능론은 인간은 이미 결정되어 있는 존재라는 결정론적 관점을 바탕으로 '자신의 의사' 내지는 '욕구(desire)'에서 비롯된 자발적 행위와 강요된 비자발적 행위 사이에 뚜렷한 구분이 존재한다고 본다. 따라서 전자의 행위를 자유로운 행위라고 볼 수 있기 때문에 자유의지도 수용할 수 있으므로 자유의지론과 결정론이 양립할 수 있다는 것이다. 여기서 자유로운 행위란 원인이 없는 행위가 아니라, 원인이 행위자 외부가 아닌 내부에 있는 행위, 다시 말해 욕구라는 자발적인 행위로부터 파생된 결정론적 관점이기도 하다.

예를 들어, 영화 속 트루먼이 하늘에 떠 있는 해와 달 그리고 비, 바람 등 모든 것이 통제 가능한 가공된 '씨 헤이븐'의 세계에 자신의 의지로 머물러 있다면 자발적인 행위를 한 셈이다. 하지만 망망대해 위에서 자신 때문에 익사한 아버지로 인한 트라우마와 기계로 작동된 거대한 폭풍우와 세트를 외부에서 잠그는 바람에 나갈 수 없다면 그 행위는 비자발적이라고 할 수 있다. 양립가능론자들은 전자의 행위를 자유의지에 의한 것으로 해석한다. 물론 그렇다고 자유의지에 대한 행위가 무조건적으로 원인이 존재하지 않는다는 뜻은 아니다. 양립가능론자에 의하면 자유의지에 관한 행위는 오히려 내부에서 형성된 의지와 욕구라고 볼 수 있으며, 자발적이면서 동시에 어떤 원인으로부터 필연적으로 귀결되는 행위가 가능하다는 점에서 두 견해를 동시에 수용하고 있다. 이와 관련하여 에이어(Ayer)는 다음과 같이 설명하고 있다.

> "첫째 인과적 필연성과 논리적 필연성을 혼동하는 경향이 있으며, 그에 따라 결과가 원인에 내재한다고 부당하게 추리하는 상황이다. 둘째는 밀고 부딪히는 소박한 경험으로부터 유래하는 힘의 개념을 무비판적으로 사용하는 경향이다. 셋째는 인과성에 대해 물활론적 개념을 활용하여 모든 인과 관계의 모델을 한 개인이 다른 사람에게 권위를 행사하는 사례에서 찾는 경향이

다. 그 결과의 하나로 우리는 강압적인 원인의 쇠사슬에서 벗어나려는 공허한 노력을 시도하는 어떤 불행한 사태를 상상하는 경향이 있다. 그러나 거듭 말하지만 한 유형의 사건이 발생하는 순간, 다른 유형의 사건은 앞의 사건과 시간적 관계, 혹은 시간-공간적 관계 속에 발생한다는 것만이 사실이다. 그 밖의 것은 모두 메타포 때문이지 사실 때문은 아니다."[5]

그러나 양립 불가를 주장하는 결정론자들은 어떤 행위자 X가 실제로 행위 A를 하기는 했지만, 그 당시 행위 A를 하지 않을 수도 있었다는 것에 동의하지 않는다. 왜냐하면 자연법칙과 결정된 원인으로 인해 행위 A는 그 시간, 그 장소에서 일어나도록 이미 결정되어 있으며 그것 이외의 다른 사건은 일어날 수 없다고 믿기 때문이다. 영화 속 트루먼이 같은 날 태어난 많은 아기들 가운데 선택되어 프로그램의 주인공이 된 것은 자발적으로 선택할 수 있었던 문제가 아니라, 기획했던 시간에 태어나 선택된 자연의 법칙이 만들어낸 결과이자 프로그램 연출자의 기획에 따라 결정된 운명이었다. 따라서 트루먼은 치밀하게 짜여진 허구의 세계에서 연출자가 의도한 대로 살아가는 존재이기 때문에, 계획된 의도 외에 다른 사건은 일어날 수 없다는 입장을 반영하고 있다.

이에 대해 양립가능론자들은 결정론을 수용하는 입장에서도 "행위자 X가 A(실제로 한 행위)를 하지 않을 수도 있었다."는 말이 성립한다고 주장한다.[6] 이에 따르면 트루먼이 메릴과 결혼할 수밖에 없는 인과적 원인이 있었음에도 결국 그가 "메릴과 결혼을 원치 않았다면 하지 않았을 수도 있다."는 가정이 양립할 수 있다는 것이다. 오히려 결정론이 참이라면 지금까지 인간이 별다른 의심 없이 받아들인 너무도 많은 것들이 거짓이 되어버리는 충격적인 사태를 초래하고 만다는 벌린(Isaiah Berlin)의 의견이나 플루(A. Flew)[7]의 지적은 "다르게 행동할 수 있었다."는 양립가능론에 더욱 힘을 실어주고 있다.

4. 대결이 아닌 극복으로

결정론은 근대 이후 과학적 세계관이 확립되면서 확산되기 시작했다. 결정론자들은 자연적인 사건뿐만이 아니라 인간의 행위에 대해서도 결정론적 관점에 서는 것이 과학적 세계관을 받아들이는 입장에서 일관적이라고 주장한다. 그러나 인간의 행위는 원인이 주어진다고 해도 그 행위가 반드시 뒤따른다고 말할 수는 없다. 철학적 논의를 위해 살펴본 영화 속 트루먼도 결정된 세계 안에 존재했지만, 결국 자신의 자유의지에 따라 행동함으로써 그 세계에서 벗어날 수 있었다. 인간의 내적 극복이 어려운 '트라우마'라는 장치와 물리적인 모든 요소를 동원해 '씨 헤이븐'에 머물게 하려 했지만, 자유의지의 발동은 자신의 삶에 대해 자발적인 책임을 가능하게 만들었고, 세트장 안의 세계를 떠나는 것으로 결론을 맺는다.

하지만 이와 반대로 트루먼이 가상 세계의 존재를 발견할 수밖에 없었고, 그의 자연적인 성품과 기질에 따라 떠날 수밖에 없었다고 가정한다면 트루먼 행위는 인과적 요소를 포함한 결정론적 관점에 따른 것으로 해석할 수 있다. 나아가 이러한 결정론적 관점을 바탕으로 해서 예측할 수 없는 미래에 대한 불안과 어려움을 각오하고 안락한 '씨 헤이븐'의 세계에서 떠나는 그의 자발적 행위는 양립가능론의 명제 역시 성립시킨다.

자유의지를 바탕으로 한 다양한 논쟁은 앞으로도 계속 이어질 것이다. 우리는 다양한 관점에서 비롯되는 첨예한 대립에도 불구하고 둘 중 하나를 받아들이거나 거부해야 하는 양자택일을 오랫동안 요구받아 왔다. 이는 결국 흑백사고의 오류를 범하고 있는 것이다. 그렇다면 자유의지를 둘러싼 논쟁에서 자유의지론 혹은 결정론의 참과 거짓을 논하는 이론적 논쟁은 무의미한 논의로 이어질 가능성이 크다. 무엇보다 우리의 삶에 적용할 수 있는 생산적 논의가 되기 위해서는 양자택일적 강요에서 벗어날 필요가 있다.

영화 속 트루먼이 선택한 삶에 대한 논쟁은 자유의지를 바탕으로 인과율의 결정론적 관점을 무조건 부정하며 대립했던 것이 아니라, 자신의 삶에 책임과 의무를 질 수 있는 실천적 논쟁이었다. 때론 어떤 관점에서 파악하느냐에 따라 인간의 행위와 삶을 책임지는 주체와 원인을 성찰할 수 있었다. "인생은 삶과 죽음 사이의 무수히 많은 선택으로 이루어진다."는 사르트르의 말 역시 대결적이고 소모적인 논쟁의 관점에서 볼 것이 아니라, 우리가 만들어가야 하는 이상적 미래의 조화와 극복을 위한 과정으로 봐야 할 것이다.

1 자유의지(free will)는 자신의 행동과 결정을 스스로 조절·통제할 수 있는 힘 혹은 능력이다. 인간이 자유의지를 전적으로 갖는지, 부분적으로 갖는지 혹은 전혀 가지고 있지 않은지에 대해서는 아직도 논란이 이어지고 있다.

2 로크의 예) 어떤 사람을 잠든 사이에 마치 무릉도원처럼 꾸민 방에 몰래 옮겨 놓고 밖에서 문을 잠근 채로 나갔다고 하자. 그는 잠에서 깨어나 주위의 황홀한 광경에 즐거워하면서도 한편으로는 어리둥절해 한다. 그는 어떻게 해서 그곳에 오게 되었는지 모르지만 행복감에 젖어 그곳에서 그대로 머무르고 싶은 생각이 들면서도 한편으로는 자기가 본래 있었던 곳으로 가고 싶은 생각도 든다. 따라서 그곳에 그대로 머무를 것인가 말 것인가를 생각하게 된다. 그러나 방문이 잠겨 있으므로 그 방을 나가는 것은 그의 능력 밖의 일이다.

3 E.L.Beardsley, "*Determinism and Moral Perspective*," Philosohpy and Phenomenology Research, 1964, 12쪽.

4 칸트 『윤리형이상학 정초』(해제), 김재호, 『철학사상』 제7권 제14호, 서울대학교 철학사상연구소, 2006.

5 A. J. Ayer. *Freedom and Necessity*, in G. watson, ed, Free will(oxford: Oxford University press, 1982), 22쪽.

6 그들은 그 표현이 어떤 가정문으로 다시 번역될 수 있다고 말한다. 즉 "X가 행위 A를 자유롭게 하였다."라는 말이 "X가 A를 욕구했기 때문에 내지는 그것을 하기 원했기 때문에 A를 하였다."라는 문장으로 번역될 수 있다면, "X가 A를 하지 않을 수도 있었다."라는 문장은 "만일 X가 A를 하지 않을 것을 원했더라면 A를 하지 않았을 것이다."라는 문장으로 고쳐 쓸 수 있다는 것이다. 반대로 "X가 A를 할 수도 있었다."라는 문장은 "X가 A를 하기로 마음먹었더라면 A를 했을 것이다."라는 문장으로 바꿀 수 있다. 양립가능론자들은 X의 행위 A가 설사 이전의 원인에 의한 결과로 필연적으로 일어났다는 것이 사실이라고 해도 위의 문장은 성립하며, 보다 진전된 의미에서 자유의지론과 결정론은 양립할 수 있다고 주장하고 있다.

7 우리는 일상을 살아가면서 행위자가 자신이 했던 행위 말고 다른 행위를 할 수 있었는지를 결정할 기준을 가지고 있으며, 이러한 기준은 '다르게 행동할 수 있었다'의 의미를 결정한다. 그리고 이러한 문구의 의미를 아는 것은 곧 그러한 기준을 어떻게 적용할 것인가를 아는 것이 된다. 그리고 이러한 기준은 결정론에 대해 전혀 언급하지 않기 때문에, 자유의지와 결정론이 양립할 수 없다고 생각하는 사람은 누구나 오류에 빠져 있는 것이다(A. Flew, *Divine Omniscience and Human Freedom*, London: SCM press, 1955, 149~151쪽).

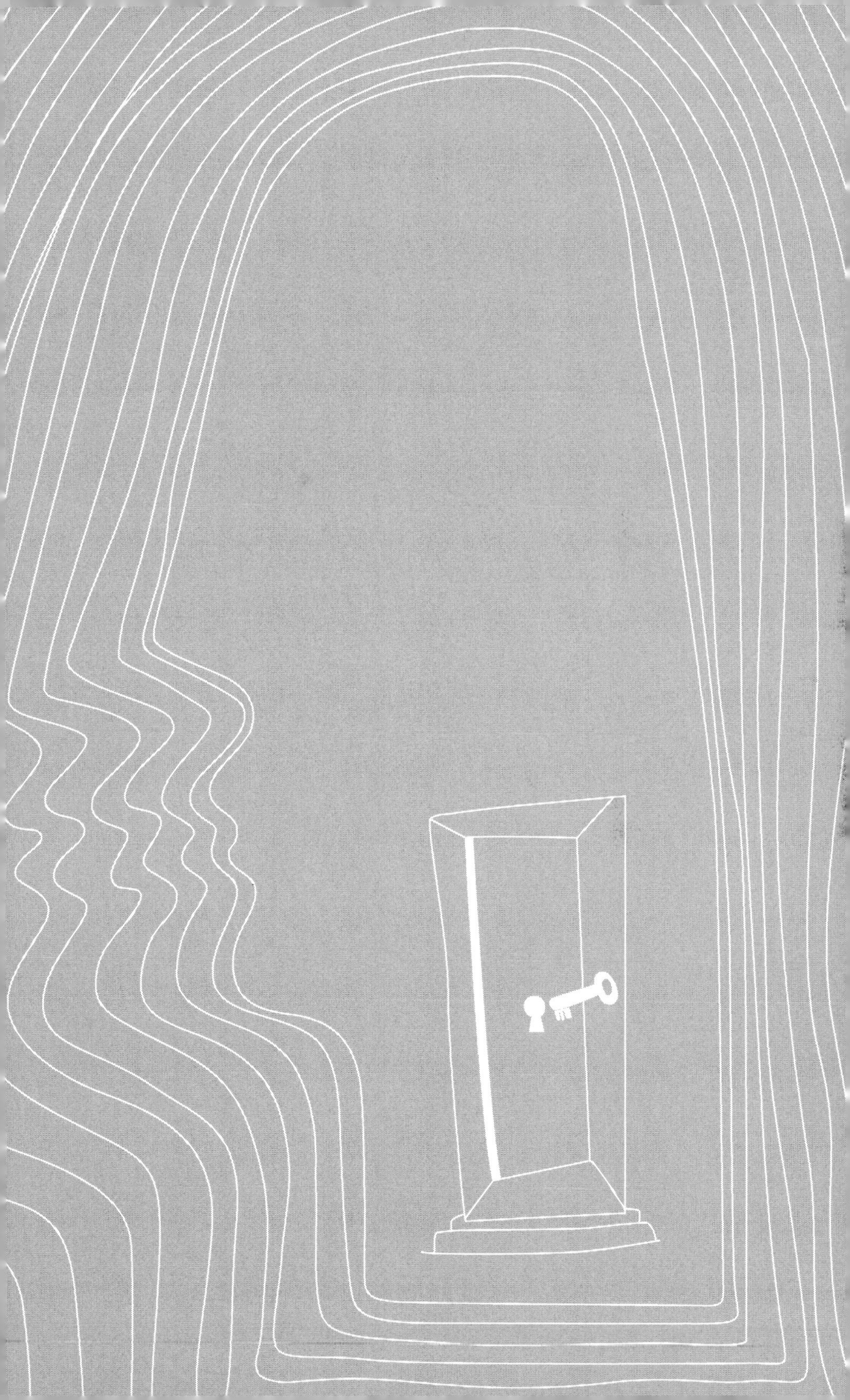

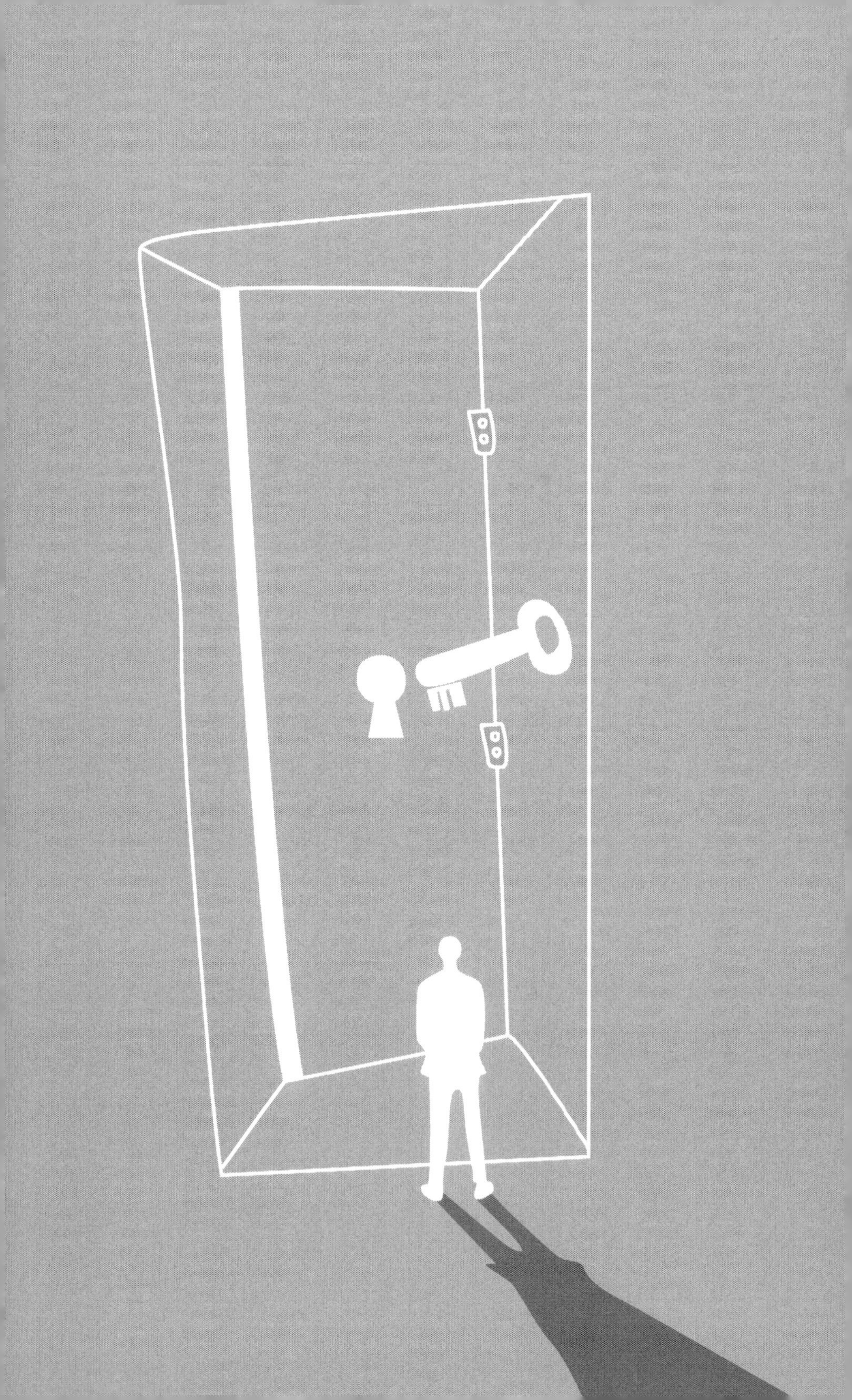

| 제6장 |

공정한 부의 분배로서의 정의

1. 정의란 무엇인가

정의(正義)는 사전적 의미에 따르면 그것이 무엇이든 '올바름', '공정함'과 동의어로 받아들일 수 있다. 즉, 그 행위가 올바른 행위라고 한다면 그것은 정의롭다고 말할 수 있을 것이다. 하지만 사전적인 의미로만 받아들일 경우 다음과 같은 물음이 제기될 수 있다. "그렇다면 무엇이 옳은 것이고, 누구나가 옳다고 여길 수 있는 그러한 행위란 무엇인가? 의견의 대립이나 충돌 없이 누구나 받아들일 수 있는 개념이라고 한다면 왜 여전히 문제가 되는 것일까? 누구나가 공감할 만한 보편적인 그러한 답변은 없는 것일까?"

이러한 궁금증은 아주 오래전부터 지속되어 왔고, 그 답변을 찾으려는 노력은 지금까지도 이어지고 있다. 그러한 노력의 일환으로 다양한 답변들이 제시되어 왔고, 그렇게 해서 탄생된 이론들이 매우 설득력 있는 방식으로 전개되어 온 것 또한 사실이다. 따라서 많은 사람이 공감할 수 있을 만한 이론의 제시는 곧 정의를 보편적이고도 객관적으로 설명할 수 있는 가능성을 열어 놓았다고 평가할 수 있다.

일반적으로 우리는 법(法)이란 정의롭지 않은 일들을 판단하고 심판할 수 있는 기준이 된다고 여긴다. 하지만 "과연 그러한가?"라는 물음을 제기했을 때, 그 물음의 이면에는 모든 법이 정의로운, 혹은 올바른 일에 적용하기 위해 만들어지지 않았을 수도 있다는 의미가 숨어 있다. 예를 들어 독재정권을 유지하기 위한 법이나 재벌을 옹호하기 위한 다양한 법들이 그에 대한 사례라고 할 수 있다. 소수 기득권자만을 위한 특별법 역시 도덕적으로 옳지 않은 목적으로 탄생한 것이다.

소크라테스는 "악법(惡法)도 법이다"라는 주장을 펼쳤는데, 당시 아테네에서 주류를 이룬 학파는 소피스트였다. 이들은 법을 제정함에 있어 그 법적 제정 기준을 '이익'의 관점에 두었다. 즉, 누군가의 이익을 위해 법을 만들어야 한다고 했던 것이다. 하지만 소크라테스는 이들과 생각이 달랐다. 그는 실정법은 자연법에 따라 만들어져야 한다고 주장하면서, 법 제정 기준을 다음과 같이 설명한다. '악법'의 경우 어떤 이익에 따라 만들어진 법이라고 한다면, '정법(正法)'의 경우 자연의 순리에 맞게 만들어져야 한다는 것이다.[1]

그래서 소크라테스는 이익에 따라 만들어진 악법은 반드시 고쳐야 한다고 주장하면서, 동시에 그것을 고칠 수 없다면 어쩔 수 없이 그 법에 따라야 한다고 말했다. 그렇다면 이러한 주장을 하게 된 의도는 무엇일까? 그는 공동체주의에 대한 신봉자로서 사회적 동물로서의 인간은 공동체, 즉 사회를 떠나 행복한 삶을 누릴 수 없다고 보았기 때문에 사회적 동물인 인간은 하나의 질서 체계에 속해야 진정한 의미의 행복을 누릴 수 있다고 보았다. 바로 이러한 질서 체계가 곧 법인 것이다. 말하자면, 소피스트들이 주장하는 바에 따라 이익을 위해 제정된 법이 비록 악법이라고 할지라도 이를 지키지 않으면 다른 사람이 법을 준수하지 않았을 때 이들에게 법적 책임을 물을 수 없기 때문이다. 이는 이런 상황이 확대되면 결국 그 사회는 유지될 수 없다는 그의 통찰에 따른 것이다.

결국 그의 주장은 사회의 질서 유지 차원에서 비록 그 법이 자연의 법칙에 어긋나는 악법이라고 할지라도 이를 지켜야만 하는 당위성에서 비롯된다. 그렇다면 이러한 일련의 행위를 정의롭고 옳은 일이라고 할 수 있을까? 아마도 이를 선뜻 받아들이기는 어려울 것이다. 모든 법이 이익을 위해 만들어진 '실정법(實定法)'은 아니지만, 법의 잣대만을 가지고 그 행위의 옳고 그름을 판단하는 것이 정의에 부합한다고 하기에는 뭔가 석연치 않은 구석이 있다. 법이란 어떠한 경우에나 정당하다고 말할 수 없다는 점에서 그렇다. 왜냐하면 법은 시대의 변화에 따라 변하기 때문이다.

법이 정의에 대한 해명을 속 시원하게 해줄 수 없다면, 시대와 상황에 따라 변하는 법보다는 시공간의 제약 없이 받아들일 수 있는 '절대적인 기준'에 대한 인문학적 접근을 통해 그 방안을 마련해 볼 필요가 있다. 진정한 의미에서 보편적 진리를 찾고자 했던 철학자들의 주장을 통해 접근하는 것도 한 방법이 될 수 있기 때문이다.

2. '정의'에 대한 철학적 담론

정의라는 주제에 대한 고전적 논의는 아리스토텔레스의 『니코마코스 윤리학(Nichomachean Ethics)』에서 찾을 수 있는데, 여기서 그는 정의를 다음 세 가지를 포함해야 하는 것으로 규정하고 있다. 첫째, 당사자들 간에 서로 평등해야 한다. 둘째, 불평등한 대우를 받을 만한 도덕적으로 정당한 불평등에 대해 고려해야 한다. 셋째, 제거되어야 하거나 보상되어야 하는 부당한 불평등에 대해 고려해야 한다.[2]

방식은 서로 다르지만 칸트에서 포퍼(K. Popper)에 이르기까지 대부분의 철학자들은 평등한 경우는 평등하게 대우하고 불평등한 경우는 불평등하게 대우한다는 관념을 우리의 이성적 능력에 기반을 둔 선험적(a priori) 규범으로 여겨왔다. 그런데 정의에 대한 논의는 통상 구체적 실천에서 실질적인 규범을 확립하고자 할 때 더욱 문제가 된다.

여기에서 결과주의적 규범이 정당성을 갖는 경우는 어떠한 경우인가? 몇 가지 정의(正義)에 직면한다면 우리는 아마도 모든 관련 당사자들의 평균적인 선호와 만족을 극대화할 수 있는 정의를 선택해야 할 것이다. 그러나 만일 그러한 해결책이 비결과주의적 인간관과 모순된다면 우리가 할 수 있는 것은 무엇인가? 고대 로마의 검투사 경기를 예로 들어 보자. 경기가 진행되는 동안 구경꾼들의 즐거움이 검투사와 희생자의 고통보다 더 비중이 있었다고 하더라도 여전히 그러한 측면을 윤리적으로 정당화하기는 어려울 것이다. 여기에서 한 개인은 말 그대로 대중을 즐겁게 하기 위해서 희생된다. 여기에서 결과주의와 비결과주의 규범이 서로 충돌할 경우, '둘 사이에 선호를 결정함에 있어 어떻게 해야 하는가?'라는 문제가 대두된다.

결과주의적 견해는 홉스적 전통에서 비롯되는데, 그에 따르면 자기 이익을 추구하는 당사자들은 상호 간의 이익을 극대화하기 위한 하나의 해결책으로 거래를 하게 된다. 이는 '합리적 이기주의자'라는 인간관에 부합한다. 이와 다른 견해는 평등한 사람들이 한데 모여서 그들의 관계를 지배하는 규범을 집단으로 결정할 경우, 그들이 채택하게 될 이상적 합의에서 유래하는 것이 도덕이라는 칸트적(Kantian) 관념에 기반을 두고 있다. 그들의 결정은 이와 관련된 모든 정보에 대한 접근과 특정한 이익에 따르지 않는 것에 기반을 두어야 한다. 그러한 규범의 권위는 그것들을 결정하는 데 따른 과정의 공정성에서 비롯된다.

하지만 롤즈(J. Rawls)의 경우, 정의에 대한 문제가 논의될 때 공정성을 전제로 하는데, 여기에서 공정성은 어떤 공평한(impartial) 절차들로 이해한다. 그는 공정한 상황의 전형적 사례로 간주되는 이른바 '원초적 입장(original position)'이 도덕적 옳음의 규범들을 도출하기 위한 근거 역할을 할 가능성을 제안한다. 도덕적 옳음의 개념은 이를 정의하기 위한 규범들, 즉 상대에게 위해를 가하지도 상해를 입히지도 않기 위한 규범과 같은 '자연적 의무(natural duty)', 그리고 공정성에 대한 규범과 같은 책무(obligation)를 포함한다.[3]

롤즈는 도덕적으로 옳은 행위를 선택하기 위한 형식적 조건들을 일차적으로 공정성의 조건으로 규정하고, 이러한 조건에서 확립된 공정성의 규범들에 대해 논의하는데, 공정성을 두 가지 측면에서 해석하는 것으로 보인다. 첫째, 공정성은 '옳음'에 대한 규범들을 정당화하기 위해 충족되어야 하는 조건들로 구성된다. 이는 비강제적이고 정보에 근거한 일반적 합의를 위한 기초로서, 누구도 합당하게 거부할 수 없는 해결책을 규정하고 있다. 둘째, 공정성을 보다 특수한 규범으로 이해한다. 예를 들어, 한 인간이 그의 몫을 행하지 않고 타인들의 협동적인 노력으로부터 이득을 보는 것은 잘못이라고 본다. 롤즈에 따르면, 공정성은 규칙-지배적인 실천(rule-governed practice)에 자발적으로 참여함으로써 발생하는 우선적인 책무를 구성한다.

공정성에 대한 이러한 해석은 도덕적 비결과주의에 기반을 두고 있다. 이것은 이성에 기초하여 자발적으로 선택하는 잠재성을 지닌 도덕적 행위자로서의 인간을 존중하는 칸트적 개념에 기원을 두고 있다. 그렇지만 공정성에 대한 의무가 무조건적으로 발생하는 것은 아니다. 충족되어야 할 첫 번째 조건은 우리가 자발적으로 참여해야 한다는 것이다. 여기에서 참여라고 하는 것은 어떠한 형태가 되었건 외부의 강제력 없이 선택했다는 것을 의미한다. 나아가, 인간 간의 상호 소통을 위해서는 타당한 일반적인 도덕규범 혹은 '자연적 의무들'이 존재한다. 이들 중 하나가 정의를 지탱하는 것이다. 만약 이익과 부담이 임의적이고 자의적인 방식으로 분배된다면, 우리의 공정한 몫이 무엇인지에 대해, 그리고 각자가 서로 협력함에 있어 기여하거나 받아야 할 것이 무엇인지에 대해 불분명한 규정이 되고 말 것이다. 정당하지 못한 행위는 도덕적 존재로서의 인격체라는 개념을 결코 반영하지 못한다. 공정성이라는 개념 자체가 훼손되기 때문이다.

3. 공정한 부의 분배와 '공정성'

자본주의 사회에서 사람들은 가진 자와 가지지 못한 자의 차이가 계층의 차이로 드러나는 현상을 자연스럽게 받아들이기도 하지만, 그렇지 않은 사람도 있다. 왜냐하면 부의 축적에는 우연성이 늘 상존하고, 태어나면서 나의 의지와 상관없이 부의 분배가 이미 정해져 있다고 생각하기 때문이다. 그래서 "누구나가 모두 납득하고 받아들일 수 있는 부의 분배가 과연 가능할까?"라는 질문을 던지게 되는 것이다. 이는 곧 현재 부의 분배에 있어 공정하지 않다는 우리의 생각을 반영하는 것이기도 하다. 이러한 의구심을 해소하기 위해서는 누구나가 받아들일 수 있는 최소한의 기준을 제시할 필요가 있다.

그러한 기준을 제시하기에 앞서 우선 사회의 구조적인 문제, 계층 간 문제 등을 염두에 두었을 때, '공정성'의 인문학적 근거에 대한 논의가 가장 먼저 요구된다. '공정성'의 개념을 어떻게 규정할 것이냐는 문제가 해소되지 않은 상황에서 '공정한 부의 분배는 어떻게 가능한가?'에 대한 접근은 무의미하기 때문이다.

공정성이라는 개념이 갖는 의미에 대해 생각해 볼 때, 주관적인 측면보다는 오히려 객관적 측면이 더 요구된다는 점에서 어떠한 조건을 충족시켜야 공정하다고 할 수 있는지에 대한 문제로 바꾸어서 생각해 볼 수 있다. 이는 곧 공정성에 대한 필요충분조건에 관한 문제라는 점에서, 만일 사회학적인 혹은 경제학적인 측면에서 공정성에 대해 규정할 경우 제한된 규정에 그칠 우려가 있다는 의미로 받아들일 수 있다. 결국, 이 문제는 철학적 문제로 귀착된다. 이에 인문학적 접근을 통해 공정성에 대한 개념을 규정하고 이를 근거로 경제학적인 측면에서 공정한 부의 분배에 적용하는 방식으로 진행되어야 할 것이다.

일반적으로 공정성이란, '평등'이라는 개념과 같은 의미로 받아들이곤 한다. 하지만 단적으로 말해서 공정성과 평등은 개념상 그 의미를 달리한다. 예를 들어 자본주의 체제에서 자신의 연봉을 올릴 수 있는 기회는 누구나 예외 없이 평등하지만, 그 결과는 공정하지 않으며 그에 대한 보상 역시 공정하지 않을 수 있다. 즉, 평등이 기회의 측면에서 누구에게나 동등한 조건이 주어졌느냐에 대한 문제라고 한다면, 공정성은 일련의 과정이나 결과에 대한 문제라는 점에서 서로 확연히 구분된다. 즉, 공정성은 노력의 결과에 대한 보상 방식에 있어 이를 판가름하는 기준이 공정한 것인지 그렇지 못한 것인지에 대한 문제인 것이다. 다시 말해, 기회의 평등에 따라 똑같이 출발한 두 사람 중 한 사람은 좋은 성과를 거두었고 나머지 한 사람이 그러지 못했다면, 그 결과에 따른 보상에 있어 차별을 둘 것인가의 여부에 관한 문제인 것이다. 하지만 공정성의 기준을 설정하는 것 또한 그렇게 쉬운 문제가 아니다. 왜냐하면 평등의 원칙에 입각하여 똑같이 출발하기는 했지만, 유전적인 요인, 게임의 법칙, 환경적인 요인, 사회적인 요인 등이 문제가 될 수 있기 때문이다. 또한 개개인이 받아들이는 결과의 보상 방식이나, 생각, 가치관 등이 다를 수 있고, 그 구조상의 차이점도 분명히 존재할 수 있다.

그렇다면 공정한 결과에 대해 이를 모두가 수긍하기 위해서는 한 조직이나 공동체 또는 사회가 지니고 있는 보편적이고 객관적인 기준이 제시되어야 할 것이고, 한 집단이 공유하고 있는 상호 주관적 측면에 수렴될 수 있는 객관적인 기준 역시 마련되어야 할 것이다. 물론 다양한 가능성 또한 열어 놓은 상태에서 그 기준이 마련될 필요가 있다는 점에서 여러 각도에서 재해석할 여지 또한 마련되어야 할 것이다. 왜냐하면 공정성이란 개개인이 받아들이는 정도의 차이가 있고 그에 대한 만족에서 오는 차이도 있기 때문이다.

이후의 논의에서는 '공정한 부의 분배'에 대한 실질적인 답변을 마련하기 위해 공정성 개념에 대한 철학적 분석과 아울러 그 개념적 규정을 토대로 현실적 측면에서 공정한 부의 분배에 적용하고자 한다.

4. 공정성으로서의 '정의'

공평하고 정당한 것을 그 속성으로 하는 공정성(公正性)을 객관적인 관점에서 규정하는 것은 극히 자연스러운 일이다. 정의(正義)의 문제에 대해 논의할 때, 공정성은 어떤 공평한(impartial) 절차들로 이해할 수 있다. 롤즈가 말한 공정성의 개념에 대한 성격을 규정하기 위해 스포츠에서의 게임(game)과 관련지어 적용할 경우, '페어플레이(fair play)'와 같은 맥락에서 이해할 수 있다. 또한 개개의 사람이 공동체를 만드는 과정을 일종의 게임 구성으로 해석한다면, 각자의 권리와 책임에 대한 규정 또한 게임의 법칙이라고 말할 수 있다.

사전적 의미의 '정의'는 사람들 간에 중요한 이익과 부담의 분배를 포함하는 것이다. 다시 말해서, 정의는 전형적으로 '사람 p가 p의 소유물이나 특정한 상황으로 인해 p가 받거나 지게 되는 이익이나 부담을 주게 되는' 상황들을 다루는 것이다.[4] 아리스토텔레스의 『니코마코스 윤리학』에서 이러한 주제에 대한 고전적인 논의의 예를 찾을 수 있다. 아리스토텔레스에 따르면 첫째, 우리는 당사자들 간에 평등해야 한다는 견해를 전제해야 한다. 둘째, 불평등한 대우를 받을 만한, 도덕적으로 정당한 불평등에 대해 고려해야 한다. 셋째, 제거되어야 하거나, 보상되어야 하는 부당한 불평등에 대해 고려해야 한다.[5] 정의에 대한 형식적 규범은 다음과 같이 정식화할 수 있다.

> "적절하게 평등한 경우는 평등하게 대우해야 하고, 적절하게 불평등한 경우는 불평등하게 대우할 수 있으며, 불평등한 대우는 여러 경우들 간에 실제적인 불평등에 일치하도록 합당하게 이루어져야 한다(Walzer, 1983, Elster, 1992)."

물론 이러한 형식적 규범이 직접적으로 행위를 인도해주는 힘을 가지고 있지는 못하다. 이와 동일한 맥락에서 롤즈는 '공정성으로서의 정의'에 대해 두 가지 원칙을 들고 있다. 첫 번째는 평등의 원칙이고, 둘째는 차등(불평등)의 원칙이다. 그는 공정성을 이 두 가지 원칙에 따라 규명하고 있다. 롤즈에 따르면 공정성은 결과의 평등이 아닌, 결과에 이르는 절차와 형식의 평등에 비중을 두고 있다. 예를 들어, 게임의 규칙이 공정하다면 게임의 결과와 무관하게 공정성을 확보할 수 있다는 것이다. 정의로운 사회 역시 이러한 점들이 평등하고, 공정한 방식으로 이행되어야만 한다는 점에서 공동체에 속한 각 개인에게 공정한 절차에 따라 합당한 몫을 나누어주는 것이 정의로운 것이라고 할 수 있다. 하지만 결과주의와 비결과주의 규범은 상호 보완적인 것으로 보인다. 그렇다고 반드시 그것들이 완전한 도덕적 관점을 구성한다고 보기도 어렵다.

사회가 비록 상호 간의 이익을 위한 협동체이기는 하지만, 이해관계의 일치뿐만 아니라 이해관계의 상충(相衝) 역시 공존한다. 하지만 공동체에 속한 사람들 각자가 자신의 노력만으로 살아가기보다는 사회 협동체를 통해서 모두가 보다 나은 삶을 지향한다는 측면을 염두에 둘 경우, 상호 이해관계는 일치할 것이다. 물론 여기에는 공정한 부의 분배라는 합의에 도달하기 위해 필요한 어떤 원칙들의 체계 또한 요구된다. 이러한 원칙들이 바로 사회 정의의 기준이 된다.[6]

정의에 대한 일반적 요구는 다른 목적들에 대한 추구를 결정함에 있어 그 한계를 분명하게 해주는 역할이다. 정의관을 가진 사람들은 사람들 간의 기본적 권리와 의무를 할당함에 있어 부당한 차별이 없을 경우, 사회생활의 이득과 상충되는 요구를 적절하게 조정해줄 규칙들을 인정하고 그 제도에 합의할 수 있어야 할 것이다.[7] 그렇다고 해서 어떤 합의의 기준만이 인간 사회가 존립하기 위한 유일한 조건은 아니다. 사회정의가 어느 경우에서든 실현될 수 있다면 그것으로 충분할 것이다. 그래서 정의의 원칙에 비추어 이러한 관점이 가장 중요한 측면이기는 하지만, 이 또한 전적으로 실현 가능하다고 보기 어렵다. 이러한 생각의 이면에는 정의의 원칙이 공정한 최초의 상황에서 합의된 것이라는 생각을 담고 있기 때문이다. 물론 정의라는 개념과 공정성이라는 개념이 동일하다는 것을 의미하지는 않는다. 공정으로서의 정의는 사람들이 함께 선택하게 될 가장 일반적인 것들 중의 하나라는 점에서 시작된다.

롤즈는 사회 정의에 대한 가장 공평하고도 합리적인 결과를 도출해내기 위해 하나의 가설적 계약 상황인 '원초적 입장'을 제시하고 있다.[8] 여기에서 자신의 이익에 관심을 갖는 자유롭고 합리적 인간들은 성별, 인종, 지능, 특별한 재능, 약점 등과 같은 자신에 관한 특정한 사실에 대해 알지 못하는, 즉 '무지의 베일'에 가려진 상태에서 그들의 미래에 대한 협력을 위한 원리를 선택하게 된다. 이에 따라 비형식화된 자기 이익에 근거하여 선택할 수 없게 된다. 동시에 공동체는 인간 사회에 관한 일반적인 사실과 사회 조직, 도덕 심리학 이론들과 같은 그들의 선택과 관련된 일반적인 모든 정보를 받아들이게 된다. 이러한 입장에 따라 논증은 다음과 같이 전개되는데, 즉 공동체는 공평하고 도덕적으로 올바른 해결책에 이르게 된다는 것이다. '원초적 입장'은 공정한 상황에 대한 전형적인 사례에 속한다. 비록 롤즈가 사회정의론을 목적으로 삼기는 했지만, '원초적 입장'과 같은 공정성 조건이 일반적으로 도덕적으로 옳은 것을 규정해 주는 규범을 위한 출발점이 될 수 있다는 것에 착안한 것이다.[9]

이와 같이 공정으로서의 정의관을 전개함에 있어 핵심적인 과제 가운데 하나는 원초적 입장에서 어떤 정의의 원칙들이 채택될 것인가를 결정하는 일이다. 이익의 분배는 가장 곤란한 처지에 있는 사람을 포함해서 그 사회에 가담하는 모든 사람의 협력을 이끌어 내도록 이루어져야만 공정으로서 제 역할을 하는 것이다. 우리는 부와 권력의 올바른 분배가 무엇인지에 대해서는 그만한 확신을 가지고 있지 못하다. 왜냐하면 우리의 신념에 부합하고 필요한 경우 지침을 제시할 수 있는 능력이 있는가에 따라 그 상황에 대한 다양한 해석이 가능하기 때문이다.

공정한 분배를 위한 규범은 지침의 성격을 지녀야만 한다. 앞에서 정식화한 결과주의와 비결과주의의 일반적 규범들은 상호 보완적이며 모두 도덕적 합리성을 근간으로 한다. 자연적 의무와 특정한 실천과 연관된 특수한 책무 모두 다룰 필요가 있다. 책무(obligation)는 다른 책무와 충돌할 수 있으며, 자연적 의무는 다른 자연적 의무와 충돌할 수도 있다. 결과주의와 비결과주의 간에 있을 수 있는 충돌에 대한 논의에서와 같이 각각의 주장을 주의 깊게 저울질해 보아야 하며, 계약론적 메타 규범에 따라서 '비강제적인 정보에 근거한 일반적 합의의 기초로서 합당하게 거부될 수 없는' 해결책을 찾아야 한다. 그와 같은 절차를 따져보는 작업은 그 성격상 실천적 추론에 따른 것이다.[10]

5. 공정성의 조건으로서의 평등과 자유

공정성에 대한 롤즈의 해석은 우선 옳음에 대한 규범들을 정당화시키기 위해 충족되어야 하는 조건들로 이것은 비강제적이고 정보에 근거한 일반적 합의를 위한 기초로서 누구도 합당하게 거부할 수 없는 해결책으로 규정하고 있다. 또 다른 측면에서 공정성을 보다 특수한 규범으로 이해하는데, 말하자면 한 인간이 스스로 공정한 몫을 행하지 않고 타인들의 협동적인 노력으로부터 이득을 보는 것은 잘못이라는 것이다. 그에 따르면, 공정성은 규칙-지배적인 실천에 자발적으로 참여함으로써 발생하는 우선적인 책무를 구성한다.

공정성에 대한 이러한 해석은 도덕적 비결과주의에 기반하고 있다. 이것은 이성에 기초하여 자발적으로 선택하는 잠재성을 지닌 도덕적 행위자로서의 인간을 존중하는 의무론적 견해에 기반하고 있다. 그렇지만 공정성에 대한 의무가 무조건적으로 발생하는 것은 아니다. 충족되어야 할 첫 번째 조건은 우리가 자발적으로 참여해야 한다는 것이다. 여기에서 참여라고 하는 것은 어떠한 형태가 되었건 외부의 강제력 없이 선택했다는 것을 의미한다. 나아가, 인간 간의 상호 소통을 위해서는 타당한 일반적인 도덕규범 혹은 '자연적 의무들'이 존재해야 한다. 이들 중 하나가 정의를 지탱하는 것이다. 만약 이익과 부담이 임의적이고 자의적인 방식으로 분배된다면, 우리의 공정한 몫이 무엇인지에 대해, 그리고 우리 각자가 서로 협력함에 있어 기여하거나 받아야 할 것이 무엇인지에 대해 불분명한 규정이 되고 말 것이다. 정당하지 못한 행위는 도덕적 존재로서의 인격체라는 개념을 결코 반영해내지 못한다. 왜냐하면 공정성이라는 개념 그 자체가 훼손되기 때문이다.

공정성이 제대로 작동되기 위해서는 평등[11]이 완벽하게 구현되어야 할 것이다. 하지만 현실적으로 어떠한가? 우선 롤즈가 제시하고 있는 정의의 원칙, 즉 "평등한 경우는 적절하게 평등한 대우를 받아야 하며, 불평등한 경우는 적절하게 불평등한 대우를 받을 수 있으며, 불평등한 대우는 두 경우 사이의 실질적 불평등에 따라 합당하게 이루어져야 한다."를 어떻게 이해할 수 있는지에 대해 생각해 보자. 이러한 규범은 분배적 정의(distributive justice)를 구체화하기 위한 기본적인 구조를 제공하고 있다. 무엇을 평등한 것으로 여길 수 있는지, 그리고 불평등하다고 했을 때 그것을 불평등하게 여길 만한 것이 무엇인지에 대한 실질적인 기준은 각각의 개별적인 관행이나 제도에 따른 다양한 목적의 견지에서 정식화될 수 있을 것이다.[12]

예를 들어 재화가 다수의 사람에게 분배되는 상황을 생각해 보자.[13] 우선 전적으로 평등주의적인 규범을 들 수 있다. 이 경우 여기에 속해 있는 모든 사람에게 똑같이 그 양이 배분될 것이다. 두 번째는 능력에 따라 배분되는 경우를 생각할 수 있는데, 이 경우 각자 객관적인 수행 정도에 따라 서로 다르게 배분될 것이다. 세 번째는 자신의 노력에 근거해서 재화를 배분하는 것이다. 여기에서는 최선을 다하려는 의지를 보여주는 사람이야말로 객관적인 수행과 상관없이 더 많은 양이 배분될 것이다. 네 번째로 이익과 부담은 필요에 따라, 특정한 단체나 집단에서의 지위에 따라, 혹은 법적 권리에 따라 각기 달리 배분될 수도 있을 것이다. 실제 생활 속에서는 이러한 규범들이 서로 결합되어 있다. 평등은 규칙의 공평한 적용을 의미하며, 유사한 경우는 유사하게 처리한다는 것과 같은 입장에 따라 규칙을 일관성 있게 해석할 수 있다.

'평등한 자유의 원칙'[14]에 따른 적용은 차등의 영향을 받지 않는다. 기본권과 자유가 능력에 따라 달라져야 한다고 생각할 수도 있겠지만, 공정으로서의 정의는 이를 거부하고 있다. 즉 최소한의 도덕적 인격만 충족되면 사람은 '정의'에 대한 모든 보장을 받을 수 있다.

정의는 평등한 양심의 자유에 대한 강력한 논거를 제시하고 있다. 이러한 논증이 적절한 방식으로 일반화되면 평등한 자유의 원칙도 뒷받침해줄 수 있다. 정의의 원칙에 따른다면 국가는 평등한 시민들에 의해 구성되는 단체로서 이해되어야 한다. 나아가 양심의 자유가 제한되어야 할 경우는 정부가 유지해야 할 공공질서를 해치게 되리라는 합리적인 예상이 있을 경우에 한해서다. 이처럼 모든 사람에 의해 확인되고 알려질 수 있는 것에 의거한다는 것은 그 자체가 정의의 원칙에 입각한 것이다.

6. 공정한 부의 분배를 위한 규범들

사회체제에서 결과적으로 일어나는 분배는 그 절차와 함께 정의로운 것이 될 수 있도록 기획되어야만 한다. 이러한 목적 달성을 위해 가장 먼저 요구되는 것은 공정한 분배의 몫을 행하지 않은 상황에서 타인들의 협동적인 노력과 별도로 이득을 보는 것은 잘못이라는 인식이다. 롤즈에 따르면, 공정성은 규칙-지배적인 실천에 자발적으로 참여함으로써 발생하는 우선적인 책무를 구성한다. '완전한 절차적 정의(perfect procedural justice)', '불완전한 절차적 정의(imperfect procedural justice)' 그리고 '순수 절차적 정의(pure procedural justice)'로 구분할 수 있다.[15]

'완전한 절차적 정의'는 주어진 분배적 규범이 예외 없이 완전한 범위에서 실현된다는 것을 보장하는 절차다. 예를 들어, 다수의 사람에게 파이를 공정한 방식으로 배분하는 경우를 생각해 볼 수 있다. 물론 그들 모두는 파이에 대해 똑같이 강한 욕구를 지니고 있다. 그렇다면 그 해결책으로는 이들 중 한 사람에게 파이를 자르도록 하고, 다른 사람들에게는 자르는 사람보다 먼저 파이를 고르도록 한 후, 파이를 자른 사람이 마지막 조각을 가져가게 하는 것이다. 그럴 경우 파이를 자르는 사람이 취해야 할 최선의 전략은 그 파이를 정확히 균등하게 자르는 것이 될 것이다.

'불완전한 절차적 정의'는 비록 결과에 대한 독립적인 기준이 있다 하더라도 그것을 보장할 수 있는 확정된 절차가 존재하지 않는다는 점이다. 노르웨이의 '누진 과세 체계'가 좋은 사례인데, 그 의도는 각자 혹은 각 가정이 능력에 따라 세금을 내게 하는 것이다. 재산을 가장 많이 가진 자가 가장 많은 세금을 내고, 재산을 적게 가진 자는 적은 세금을 내게 된다. 그러나 이것은 이상일 따름이지 현실적으로 실현해 낸다는 것이 그리 쉬운 일이 아니다. 사람들이 정말로 필요로 하는 것이 무엇인지, 그리고 그들이 공동체에 얼마나 많이 공헌해야 하는지 등에 대해 정확하게 측정해 내는 것 모두 문제가 될 수밖에 없다.

'순수 절차적 정의'는 공정한 분배를 정의하는 어떤 독립적인 기준이나 분배적 규범도 결코 존재하지 않는다는 특징이 있다. 절차 그 자체만이 공정한 산출을 보장할 따름이다. 그 전형적인 사례로 들 수 있는 것이 복권이다. 참가자들이 자발적으로 참여한다는 조건하에 그들 모두가 임의적인 제비뽑기(random lot)에 의해 당첨금이 분배된다는 것을 받아들이고 이를 인정한다면, 그 결과 누가 당첨되는가와 상관없이 정당한 것이다.

정의의 일반적인 형식적 규범, 즉 "평등한 경우는 적절하게 평등한 대우를 받아야 하며, 불평등한 경우는 적절하게 불평등한 대우를 받을 수 있으며, 불평등한 대우는 두 경우 사이의 실질적 불평등에 따라 합당하게 이루어져야 한다."가 그 출발점을 이룬다. 분배와 관련한 사회적 구조와 다양한 목적, 그 전통과 사회적 역할, 그리고 구성원들 간에서 발견될 수 있는 다양한 종류의 에토스(ethos) 등을 전제로 하여, 이러한 규범에 의해 설정된 필요조건을 충족시킬 수 있는 해결책을 모색할 필요가 있다.[16]

지금까지의 논의를 토대로 이를 스포츠 경기에 적용하여 그 실천적 근거를 마련할 필요가 있다. 롤즈는 공정성의 개념을 구체화하기 위해 다음과 같이 명시적으로 스포츠 게임(game)과 관련지어 언급하고 있다.

"우리는 약속에 따라 그리고 묵시적인 이해에 따라 책임과 의무를 갖게 되고, 심지어 게임에 참가할 때조차 규칙에 따라 경기해야 하고 이상적인 경기가 되어야 하는 책무를 갖게 된다." 우리가 스포츠에 자발적으로 참가하기로 선택한다는 것은 다양한 종류의 목적에 기초하고 있다. 목적의 실현을 위해서는 다른 경쟁자들과의 협동에 의존한다. 모든 경쟁자가 이러한 목적을 실현하고자 한다면 이를 수행하기 위한 공유된 에토스를 준수해야 한다. 그래서 상호 협동을 통해 의도적 목적을 실현할 수 있는 것과 마찬가지로 모든 경쟁자에게 이것이 적용되는 것은 지극히 당연해 보인다. 따라서 공정성에 대한 규범은 "스포츠 경기에 자발적으로 참여한 당사자들이 경기의 공유된 에토스가 정당하다면 이 에토스에 따라서 행동해야 한다."와 같이 정식화할 수 있을 것이다.[17]

이를 부의 분배에 적용할 경우 "공정한 부의 분배는 한 사회에서 자발적으로 경제적 활동에 참여한 각 개개인은 부의 분배가 공정하게 이루어질 수 있도록 공유된 에토스가 정당할 경우, 이 에토스에 따라 행동하는 오직 그 경우에 따른다."라고 정리할 수 있을 것이다.

여기에서 공유된 에토스란 다음 두 가지 조건을 충족시키는 경우에 한해 공유된다. 첫째, 기본 규칙이 이해될 수 있는 방법에 대해 관련 당사자들 간에 상호 어느 정도의 공통된 지식이 존재해야만 한다. 예를 들어 테니스를 치기 위해 두 선수는 경기에 도움이 되는 수단, 점수의 획득, 게임 진행, 세트 그리고 최종적인 조율을 위한 해석에 합의해야 한다. 축구 경기를 하기 위해서는 모든 선수가 득점을 한다는 것이 의미하는 것 그리고 공에 손을 대는 것은 금지되어 있다는 것에 합의해야 한다. 둘째로, 경쟁자들은 기본 규칙에 대한 그들의 공통된 지식을 서로 인정해야 하고 이에 따라 행동해야 한다. 이것은 그들 상호 간의 의사소통을 요구한다. 각 경쟁자는 규칙 해석을 위해서는 어떤 규범을 승인한다는 것을 상대방이 확인할 수 있는 말과 행동으로 보여주어야 한다. 그렇게 되면 모든 경쟁자는 각 경쟁자가 그들 역시 받아들이고 있는 규칙에 대한 어떤 해석을 받아들이고 있다는 것을 인정할 수 있다. 그리고 각 경쟁자는 그 자신의 입장에서 이를 받아들이고 있다는 것을 알 수 있게 된다.[18]

1 플라톤 저, 최명관 역, 『플라톤의 대화』, 종로서적, 1984, 37~86쪽.

2 아리스토텔레스 저, 홍석영 역, 『니코마코스 윤리학』, 풀빛, 2005 참조.

3 Rawls, J. *A Theory of justice*, Cambridge, Mass.: Harvard University Press, 1971, 113쪽.

4 Beauchamp, 1991, 342쪽.

5 Wetlesen, 1986, 121쪽.

6 롤즈는 사람들이 자신의 목적을 달성하기 위하여 협력하여 사회를 구성한다고 말한다. 그러나 이들의 이해관계가 서로 상충하기 때문에 상반되는 이해관계를 조정하고 제한하는 원칙이 필요하다. 이런 원칙은 상반되는 이해관계를 조정하기 위해, 사회 기본구조에 적용되어야 하는 까닭에, 정의의 원칙이며, 또한 이 원칙을 선택하는 합의 당사자들의 개인적 지위와 직위를 모르는 입장에서 모든 사람에게 동등하게 적용될 원칙을 선택하는 것이 합당할 것이다(롤즈 『정의론』〔해제〕, 장동익, 2005 참조).

7 공리주의는 최대의 선을 산출하는 규칙과 제도가 정의롭다고 말할 것이다. 공리주의의 효율성 원리는 전체적인 총량의 최대치를 산출하는 규칙과 제도를 선택하도록 한다. 정의라는 것은 단지 최대의 전체적인 선을 산출하는 것이며, 총량의 최대치와 정의가 별개로 구별되는 것이 아니다. 따라서 공리주의적 정의관은 어떤 규칙과 제도가 정의롭기 때문에 선택되는 것이 아니라, 그 규칙과 제도가 전체적인 총량의 최대치를 갖기 때문에 선택되는 것이며, 정의로운 것이다(롤즈 『정의론』〔해제〕 장동익, 2005 참조).

8 Rawls, 1971, 137쪽.

9 Rawls, 1971, 17쪽.

10 지그문트 롤랜드 저, 손환·임석원 역, 2011, 85쪽.

11 평등의 이념: 인류의 역사는 '사람' 개념의 외연의 확장 과정이라고 말할 수 있다. 사람 개념의 외연의 확장이란 사회에서 '평등'이라는 원리 아래서 '사람'으로 인정받는 사회 구성원의 비율이 확대됨을 의미한다. 오늘날 대개의 사회에서는 '평등'이 사람들 사이의 관계 규정의 으뜸으로 통한다. 현대 한국의 헌법도 인간의 권리 가운데서도 그 첫 번째의 것으로 '평등'을 내세우고 있다(「철학의 주요개념」, 백종현, 2004, 참조).

12 지그문트 롤랜드 저, 손환·임석원 역, 2011, 101~103쪽.

13 Perelman, C. Justice, Late and Argument. Essays on Moral and Legal Reasoning, Dordrecht: D. Reidel, 1980, 1~23쪽.

14 존롤즈 저·황경식 역, 『정의론』, 이학사, 2003, 참조.

15 지그문트 롤랜드 저, 손환·임석원 역, 2011, 101쪽.

16 지그문트 롤랜드 저, 손환·임석원 역, 2011, 101~106쪽.

17 지그문트 롤랜드 저, 손환·임석원 역, 2011, 102쪽.

18 지그문트 롤랜드 저, 손환·임석원 역, 2011, 34~35쪽.

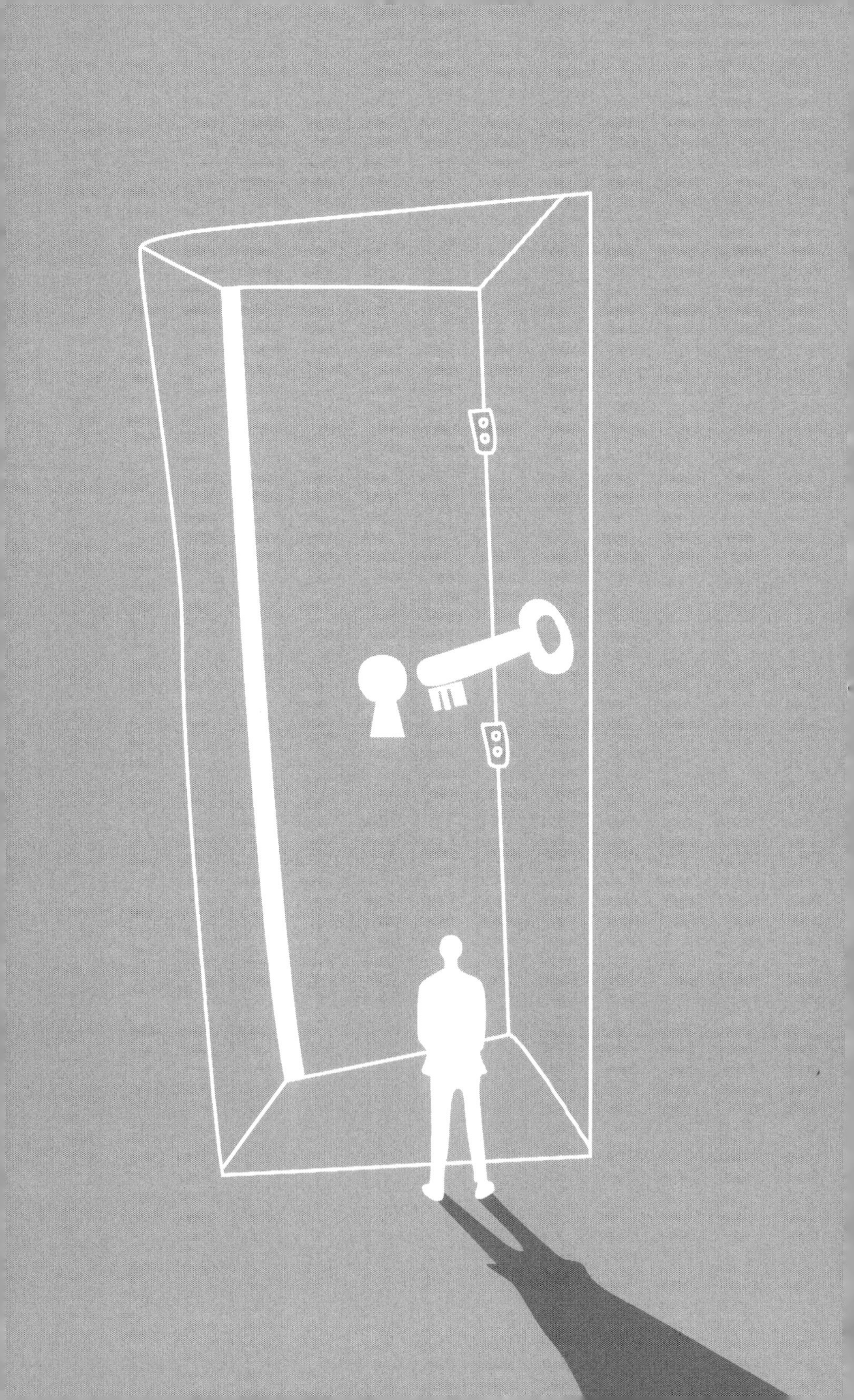

제7장

인간은 과연 기계일 수 있는가

-정신과 육체관계에 대한 철학적 접근-

1. 인간은 과연 정신적 존재인가

우리는 동서고금을 막론하고 인간을 이 우주에서 가장 특별한 존재라고 생각해 왔다. 그 이유는 우선 '인간은 만물의 영장'이라는 말에서도 알 수 있듯이 우주에 있는 모든 것을 우열에 따라 순서대로 나열 할 경우, 그것이 고등 동물일수록 우위에 있다는 생각을 반영하는 것으로 보인다. 더욱 정확하게는 지구 상의 모든 생명체 역시 우열에 따라 서로 구분된다는 점에서 특권적 지위를 갖는 인간이 그렇지 못한 동물과 확연히 구분된다는 생각에서 비롯된다.

먼저 인간은 무생물이 가지고 있지 않은 생명을 지니고 있을 뿐만 아니라, 여타의 동물과 달리 자각을 하는 것은 물론 '사유'라는 정신적 활동 능력을 가지고 있다. 사유를 함으로써 인간은 우주와 그 속에 존재하는 인간을 포함한 모든 대상 세계에 대한 지식을 확보할 수 있다. 그래서 사유 능력은 인간만이 지니고 있는 '정신'에서 비롯된 것이라고 여겨왔다. 동물은 본능적인 지각과 그에 따른 육체적인 반응은 할 수 있지만 사유할 수 있는 능력은 없다. 그런 의미에서 육체를 지닌 인간은 물리적 과정을 수행하는 동시에 정신을 지닌 존재로서 사유하는 기능 또한 수행할 수 있다. 이러한 견해를 '심신이원론(mind-body dualism)'이라고 한다.

이 주장은 인간의 영원한 염원인 죽음을 극복하는 문제와 관련이 있는데, 비록 육신은 사라진다고 하더라도 정신은 영원할 수 있다는 우리의 희망을 반영하고 있다. 그런 점에서 플라톤은 영혼이 나와 동일하기는 하지만, 나를 이루는 또 다른 요소인 육체와는 다른 영역에 존재한다고 생각했다. 또한 현세에서의 인간의 모습에 대해 플라톤은 영혼이 육체라는 감옥에 갇혀 있는 상태라고 비유하고 있다.[1]

데카르트는 공간상에 일정한 부분을 차지하는 물리적인 사물은 '연장(延長)적 속성'으로 표현하고, 연장성과는 전혀 다른 성질의 느낌이나 감정 등 눈으로 볼 수 없는 것들은 '사유(思惟)적 속성'으로 표현하면서 이 우주상에 인간만이 유일하게 이러한 두 가지 특성을 갖는 존재라고 말한다. 그러나 이러한 심신이원론이 상식적으로는 매우 그럴듯해 보이지만, 물리적 세계의 인과적 폐쇄성의 원칙에 어긋난다는 등의 비판이 얼마든지 제기될 수 있다.

데카르트는 사유적 속성을 지닌 정신과 연장적 속성을 지닌 육체를 전혀 다른 독립된 실체로 생각한 전형적인 이원론자이지만, 양자 간에 밀접한 관계가 있다는 사실만큼은 충분히 인식하고 있었다. 그는 정신과 육체는 전혀 다른 속성을 갖는 독립적인 실체임에도 불구하고 서로 인과적인 영향을 주고받는 것이 분명하다고 생각했다.[2] 예를 들어, 손바닥을 바늘로 찔리는 것과 같은 물리적 사건이 일어나면 우리는 그 결과로 통증을 느끼게 되는데, 통증을 느끼는 것은 정신적 사건에 해당한다. 이것은 물리적 사건이 정신적인 사건에 영향을 미치게 되는 사례다. 반대로 내가 어떤 이유로 슬픔을 느끼게 되는 정신적 사건이 발생하게 되면, 그것이 원인이 되어 눈에서 눈물이 흐르는 물리적 사건으로 귀결되기도 한다. 이러한 관찰을 통해 데카르트는 자연스럽게 정신과 육체 사이에 인과적으로 상호 영향을 주고받는다는 '상호작용론'을 제시하고 있다.

데카르트에 의하면, 정신과 육체는 상호 이질적이기는 하지만 서로 인과적인 영향을 주고받지 않을 만큼 그렇게 이질적이지도 않다는 것이다. 그러나 이러한 데카르트의 생각은 그의 심신이원론의 근간을 흔들 만큼의 문제점을 안고 있다는 비판에 직면하게 된다. 그 이유는 심신이원론에 바탕을 둔 상호작용론이 심신이원론의 배경을 이루고 있는 근대 서양의 과학적 세계상과 충돌하기 때문이다. 데카르트는 인간의 육체를 포함한 물질과 정신이 신과는 독립적인 실체임을 주장한 것으로 유명하다. 그가 신으로부터 물질의 독립성을 주장한 이유는 더 이상 물질의 세계에 신이 개입하는 것을 방지하기 위함이었다. 그렇다면 물질은 신과는 독립적인 실체이기 때문에 신이 물리적 세계에 인과적 영향을 미치지 못한다면, 정신 또한 그렇다고 생각해야 할 것이다. 다시 말해 물질적인 사건이나 현상에는 오직 물질적인 원인만이 존재할 뿐, 정신적인 현상이나 사건이 원인으로 작용한다고 생각할 수는 없다. 그래서 데카르트의 심신이원론에 입각한 심신 상호작용론은 이러한 '물리적 세계의 인과적 폐쇄성 원칙'과 모순된다. 왜냐하면 그의 이론에 따르면 물리적 사건이 정신적 사건에 영향을 미치게 된다는 것을 허용하기 때문이다. 데카르트처럼 정신적인 것과 물리적인 것을 존재론적으로 서로 단절된 것으로 볼 경우, 양자 사이에 인과 관계가 성립한다는 것을 합리적으로 설명하기가 어렵다는 문제에 봉착하게 된다.

지금까지 우리는 정신과 물질의 이원론에 입각한 상호작용론이 물리적 세계의 인과적 폐쇄성 원칙에 어긋난다는 점에서 상호 정합적이지 않음을 보았다. 이에 따라 인과적 폐쇄성 원칙을 고수하는 한, 상호작용론을 포기하든가 혹은 정신과 물질의 이원론을 포기하거나 둘 중 하나를 선택해야만 할 것이다. 그럼에도 불구하고 이원론을 포기할 수 없었던 데카르트와 당대의 철학자들은 상호작용론은 거부하되 이원론만큼은 어떻게든 유지하려 했다.

그래서 정신과 육체가 인과적 작용 없이 독립적으로 움직이면서도 완전한 조화 속에서 움직인다는 견해로 선회하여 그 대안을 마련하게 된다. 이러한 견해에 따르면 신이 개입하여 정신적인 사건과 물리적인 사건이 동시에 일어나도록 미리 예정했다는 입장을 견지하게 된다. 그 대표적인 이론으로 심신평행론(parallelism), 혹은 '예정조화설'을 들 수 있다. 하지만 이러한 심신평행론 역시 신과 같은 초월자의 존재를 전제하지 않는다면 정신적 사건과 물리적 사건 간의 조화에 대해 설명할 길이 없다는 점에서 분명한 한계를 지닌다. 정신과 육체 사이의 인과 관계를 부정하면서도 신의 개입을 통해 그 둘 사이의 연관성을 확보하려는 말브랑쉬(N. de Malebranche)의 '기회원인론(occasionalism)'의 경우도 마찬가지다. 말브랑쉬에 의하면, 예를 들어 손바닥을 바늘로 찌르면 신이 개입해서 우리로 하여금 통증을 느끼게 만들고, 반대로 내가 팔을 들어 올리려고 생각하면 또 신이 개입해서 나의 팔이 올라가도록 만든다는 것이다. 이와 같이 이들의 견해는 정신과 육체 사이의 관계를 모두 신의 섭리로 돌리고 있다는 점에서 분명히 그 한계를 지닌다.

이러한 평행론에 대한 비판을 극복하기 위한 대안으로 부수현상론(epiphenomenalism)이 등장하게 된다. 부수현상론에 따르면 정신은 육체에 직접적으로 영향을 줄 수 없고 따라서 심적 사건이란, 물리적 사건의 단순한 부수 현상에 불과하다는 견해다. 예를 들어 팔을 들어 올리려는 나의 생각이 나의 팔이 올라가도록 만든다는 것은 환상에 불과하다는 것이다. 그래서 모든 정신적인 사건들은 물리적인 사건에 의해 직접적으로 야기되지만, 역으로는 성립되지 않는다. 말하자면 정신적인 사건은 물리적인 사건을 야기하지 못한다는 입장이다. 하지만 부수현상론 또한 우리의 상식에 비추어 볼 때 인과 계열에 있어서 정신적 사건에 정당성을 부여하지 못한다는 결함을 안고 있다. 왜냐하면 만일 부수현상론을 받아들일 경우, 임진왜란이라는 사건이 어디에서 비롯되었는가에 대한 물음에 대해 도요토미 히데요시의 야욕이라는 심적 사건에서 야기되어 임진왜란이라는 물리적 사건이 발생했다는 우리의 상식을 뒤엎기 때문이다.

2. 정신과 육체는 어떠한 관계에 있는가

"인간은 과연 기계일 수 있는가?"는 인간이 지구 상에 특별한 존재가 아닐 수 있다는 가능성에 관한 물음이다. 여기에서 특별한 존재라 함은 육체 이외에 인간만이 유일하게 정신을 소유한 존재라는 것을 의미한다. 그런데 인간이 육체와 더불어 정신을 소유한 존재라는 명제에 대해 회의적인 입장을 취할 경우, 이 세상에는 오직 물리적 실체만이 존재한다는 견해를 반영하여 인간은 특별한 존재일 수 없고, 따라서 인간은 기계(물질)일 수 있다는 논제는 성립하게 된다. 20세기에 들어와 이러한 견해는 물리주의(physicalism)라는 이름으로 서서히 자리 잡기 시작한다. 그 대표적인 사례로 인공지능을 꼽을 수 있다. 물론 인공지능이 성립할 수 있는 이론적 토대는 물리주의 이론들, 즉 심신동일론(mind-body identification)과 기능주의(functionalism) 등을 근간으로 한다. 물론 그 정당성 여부에 대해서는 심신이원론에 맞서 어떻게 견고한 이론으로 자리매김하느냐의 여부에 달려 있다.

정신과 육체에 관한 문제는 철학에 대해 심도 있게 고민하기 시작한 고대 그리스 시대 이후부터 현대에 이르기까지 지속으로 논의되어 왔다. 인간의 본성에 대해 의문을 품기 시작하면서 제기된 심신 문제(mind-body problem)는 고대의 플라톤으로부터 시작하여 근대의 데카르트와 라이프니츠(Leibniz) 등에 이르기까지 철학자들 사이에서 수많은 논쟁이 거듭되면서 풍부한 논의로 발전해 온 것이 사실이다. 서로 다른 이론들이 한 시대의 철학을 풍미하기도 했고, 일반인들의 형이상학적 고민에 대해 그 답변을 제공해 온 것이다. 그러한 과정에서 정신과 육체에 관한 이론들이 우리의 상식에서 서서히 벗어나 여타 학문과의 흐

름과도 보조를 맞추기 시작했다. 그 과정에서 20세기에 들어와 고대부터 지속적으로 이어져 온 이원론이 그 힘을 잃기 시작하고 이원론의 대안들이 떠오르기 시작했다.

그 대표적인 사례로 행태주의를 들 수 있는데, 이것은 이원론에 대한 반발에서 나타난 이론으로, 제2차 세계대전 이후의 철학에서 주류로 자리를 잡았던 이론이다. 당시 이 이론은 마치 이원론의 유일한 대안처럼 여겨지기도 했다. 하지만 행태주의도 곧 한계를 맞이하게 된다. 행태주의의 분명한 한계에 부딪힌 철학자들은 이 이론을 계속 연구할 것인가 다시 이원론으로 회귀할 것인가를 두고 큰 고민에 빠졌다. 1950년대 초에 철학의 근간을 뒤흔든 세 가지 이론, 즉 동일론과 기능주의 그리고 제거적 유물론이 등장하기 전까지 말이다. 새로 등장한 세 이론은 행태주의와 같은 한계에 부딪히지 않으면서도 이전까지의 이원론을 대신할 가능성이 충분해 보였다.

과연 인간이 기계일 수 있는지에 대한 가능성을 둘러싸고 벌어지는 논쟁은 심리철학의 이론들, 특히 심신동일론과 기능주의에서 제시하고 있는 물리주의적 견해과 그 반론에 응수를 포함한다.

3. 인간이 기계일 수 있는 이유와 그 반론

환원적 유물론이라고도 하는 심신동일론의 핵심적인 주장은 매우 간단하다. 우리의 심리 상태는 곧 우리의 물리적인 상태와 동일하다는 것이다. 말하자면 우리의 심리 상태는 두뇌라던가 신경과 같은 물리적 상태와 수적으로 동일하며, 모든 심리적 상태를 물리적 상태로 설명할 수 있다는 점에서 그 환원이 가능하다는 입장을 취한다. 그들은 아직까지 그 증거가 확실치는 않지만, 심적 상태와 물리적 상태의 동일성이 과학의 진보와 함께 반드시 밝혀질 것이라고 여긴다.

이들은 그 사례로 '물(水)'을 들고 있는데, 지금까지 투명한 액체로서의 물을 그 본질로 여겨왔지만, 과학이 발달하면서 수소(H2)와 산소(O)로 이루어졌다는 사실이 밝혀지면서 그러한 믿음을 버려야만 했다. 또 다른 사례로 '빛'을 들 수 있는데, 과학은 색깔의 본질이 서로 다른 형태로 흔들리는 파장에 있다는 사실을 밝혀냈다. 말하자면 빨간색과 보라색의 차이를 파장의 길이로 설명하는 데 성공한 것이다. 현대를 살아가는 우리는 이 사실을 잘 알고 있으며 이를 이용해 다양한 기계를 만들어내기도 했다. 동일론자들은 우리의 심리 상태 역시 이와 다를 바가 없다면서, 위의 두 경우와 같은 방식으로 과학이 사람들의 심리 상태가 두뇌 상태와 동일하다는 것을 입증시켜 줄 것이라고 주장한다.

동일론자들은 심신동일론이 성립하기 위한 조건, 즉 일대일 환원이 얼마든지 가능하다고 여긴다. 그들에 따르면 과학이 심리 상태의 용어들, 즉 '차갑다', '뜨겁다', '즐겁다', '슬프다' 등과 같은 단어들을 대체할 무언가를 발견하리라는 것에 대해 의심하지 않는다. 그렇기 때문에 심리 상태와 두뇌 상태가 같은 것이라고 주장하는 것이다.

동일론자들은 신경과학이 동일성의 증거를 발견할 것이라는 주장에 대해 다음 몇 가지 근거를 들어 설명하고 있다. DNA와 인간의 유전적 기능 간의 관계를 그 사례로 들기도 하고, 인간의 모든 행동의 근본적인 원인이 신경생리학적 과정이라는 것을 사례로 들어 설명하기도 한다. 또한 사람들의 행동이 신경 활동에 의존한다는 사례를 들기도 한다. 물론 각기 다른 사례 같지만 인간의 행동과 그 원인에 대한 정확한 설명을 언젠가 신경과학 혹은 뇌과학이 제공하리라는 결론을 내리고 있는 셈이다. 하지만 이 논증들은 동일론을 받아들이지 않는 사람들에게 그 정당성을 입증할 수 있는 결정적인 근거가 될 수 없는데, 이는 다음에 제기되는 반론에서 비롯된다. 또한 이러한 반론에 대해 어떻게 응수하느냐에 따라 동일론의 근간이 유지될 수 있느냐의 여부가 결정될 것이다.

우선 심신동일론에 대한 일차적인 반론은 내성(introspection)에 관한 것이다. 동일론에 반대하는 철학자들은 우리의 생각과 감각 그리고 감정은 전기 화학적 작용이 아니라 내성 혹은 반성의 영역에 속해 있다고 주장한다. 그들은 '물'과 'H2O'의 속성은 같고 '빛'과 '스펙트럼'의 속성은 같지만, 인간의 정신작용과 두뇌작용의 속성은 전적으로 다르다고 주장한다. 정신작용과 두뇌작용은 근본적으로 다르기 때문에 동일한 것일 수 없다는 것이다.

물론 이에 대한 동일론의 응수 또한 만만치 않다. 동일론을 지지하는 철학자들은, 심리 상태는 두뇌 상태와 전적으로 같기 때문에 동일론에 반대하는 철학자들의 주장이 본질적으로 틀렸다고 말한다. 왜냐하면 두 상태가 달라 보이는 것은 인간의 상상력 혹은 직관력을 바탕으로 두 상태를 이해하려 하기 때문이라는 것이다. 그들은 그 사례로 과학의 도움 없이는 사람들이 물이 'H2O'라는 사실을 절대로 알 수 없다는 점을 상기시킨다. 동일론자들은 외관상으로 파악할 수 있는 현상임에도 불구하고 화학적으로 물의 본질(원자 구조)이 밝혀진 것을 사례로 들면서 상상력과 직관력을 기반으로 한 내성에 관한 논증은 별반 설득력이 없다고 주장한다. 물론 동일론에 대한 반론은 여기에 그치지 않는다.

심신동일론에 대한 또 다른 반론은 심신동일론이 '범주의 오류'를 범하고 있다는 주장이다. 심신동일론을 받아들이지 않는 사람들은 심리 상태와 두뇌 상태를 동일시하는 것은 전적으로 개념적 혼란에서 비롯된 것이라고 주장한다. 이들은 라이프니츠 법칙을 사례로 들어 심적 상태와 물리적 상태가 다른 범주에 속해 있다는 사실을 입증시키려 한다. 라이프니츠 법칙이란, 두 대상 가운데 어느 하나가 가지고 있는 모든 속성을 다른 하나 역시 모두 가지고 있을 경우, 그리고 오직 그 경우에 한해 두 대상이 수적으로 동일하다는 법칙이다. 간단히 말해 같다고 생각되는 두 종류의 대상이 서로 같지 않은 특징을 가지고 있다면 같지 않다는 것을 의미한다. 예를 들어 까마귀는 조류이고 까치 역시 조류인데, 까마귀가 까만색인 것과 마찬가지로 까치 역시 까만색이다. 여기까지는 까마귀가 가진 속성을 까치가 가지고 있기 때문에 라이프니츠 법칙에 따라 까마귀는 까치와 같은 동물로 분류된다. 하지만 까치는 날개에 하얀 부분이 있지만 까마귀는 그렇지 않다. 따라서 까치의 속성을 까마귀가 가지고 있지 않기 때문에 라이프니츠 법칙에 따라 까치와 까마귀는 같은 새가 아니라는 결론이 나온다. 그래서 동일론에 대해 비판하는 철학자들은 라이프니츠 법칙을 사례로 들어 동일론을 공격한다.

동일론에 반대하는 철학자들은 라이프니츠 법칙을 적용하기 위한 대상으로 공간적 속성을 들어 그 비판의 표적으로 삼는다. 만약 심리 상태가 두뇌 상태와 완전히 동일하다면 라이프니츠 법칙에 따라 두 상태의 속성은 완전히 동일해야만 할 것이고, 두 상태는 공간적인 속성까지도 공유해야 할 것이다. 두뇌 상태의 과정들은 분명히 어떤 공간적 위치를 점유하고 있다. 즉 두뇌 상태의 과정은 우리의 두뇌 속 한 부분에서 일어나는 전기적 작용으로서 두뇌의 특정 부분에 의심의 여지 없이 공간적인 위치를 점유하고 있기 때문이다. 하지만 심리적 상태 역시 그러한가? 동일론을 비판하는 철학자들은 단호하게 그렇지 않다고 답변한다. "나의 슬픔이 측두엽의 좌반구에 있다."라거나 "내 오른쪽 두뇌의 뒷부분에 기쁨이 있다."와 같은 표현은 무의미한 진술로서 말이 되지 않는다고 주장한다. 이것은 마치 숫자 5는 초록색이라거나 사랑은 무게가 20그램이라는 것과 마찬가지로 전적으로 무의미한 진술이라는 것이다. 따라서 그들은 정신과 두뇌 상태가 공간적인 속성을 공유하지 않는다고 말하며 라이프니츠 법칙에 따라 두 이론은 전적으로 다르다고 주장한다.

4. 인간이 기계일 수 있는 또 다른 이유

이제 이에 대한 동일론의 응수를 살펴볼 필요가 있다. 동일론자들은 위의 반박이 단지 의미론적인 혼란을 야기할 뿐 동일론에 대한 반박이 되지 못한다고 응수하고 있다. 동일론자들은 동일론이 범주의 오류를 범하고 있다는 주장 자체가 과거에만 집착하여 새로운 이론을 이해하려 하지 않는다고 맞선다. 예를 들어 동일론에 대한 반대론자들은 마치 16세기 당시 천동설을 믿던 사람들이 지동설을 말도 안 되는 소리라고 몰아세웠던 것과 같은 상황이라고 말한다. 동일론자들은 라이프니츠 법칙을 들어 반론을 펼치는 것은 그들 스스로 내포적 오류에 빠진 주장이라는 것이다. 내포적 오류에 대해 예를 들어 제시하면 다음과 같다.

〔전제 1〕 싸이는 세계적으로 잘 알려진 유명한 가수다.

〔전제 2〕 그런데 박재상은 유명한 가수로 알려져 있지 않다.

〔결　론〕 따라서, 싸이는 박재상과 동일한 인물이 아니다.

위의 논증은 라이프니츠 법칙에 따라 싸이와 박재상이 다른 사람이라는 것을 증명하는 논증이다. 언뜻 보기에 타당한 논증 같지만, 이 논증은 건전하지(sound) 않다. 왜냐하면 박재상은 싸이의 본명이며 두 사람은 동일 인물이기 때문이다. 내포적 오류는 사람들의 판단에 의해 의미가 부여된 속성들을 대상의 참된 본질로 여기기 때문에 발생하는 오류다. 싸이가 세계적으로 유명한 가수라는 사실과 심리 상태가 내성적이라는 속성들은 모두 사람들이 파악하거나, 지각한 것으로 그것의 참된 속성이 될 수 없다.

또한 두뇌 상태와 달리 심리 상태는 공간적 위치를 갖지 않는다는 반론에 대해 그 양자가 명백한 공간적 위치를 가질 수 있다는 사실을 피니어스 게이지의 사례[3]를 통해 제시하면 다음과 같다.

게이지는 미국의 어느 한 철도 공사 조직의 감독관이었다. 1843년 9월 13일, 한 철도공사에서 근무하고 있던 25살의 게이지는 공사 작업을 하던 중 다이너마이트가 폭발하는 사고를 겪게 된다. 그 폭발의 충격으로 튀어나온 쇠 막대는 불행하게도 이 청년의 왼쪽 빰에서 오른쪽 머리 윗부분을 관통해 지나가게 된다. 이 사건으로 그는 두개골의 상당 부분과 왼쪽 대뇌 전두엽 부분이 손상되는 심각한 상처를 입게 된다. 뇌의 일부가 손상되는 전대미문의 부상에서 겨우 살아남은 게이지는 그의 머리에 남은 지름 9cm가 넘는 구멍과 함께 살아가게 된다.

게이지를 치료했던 담당인 할로우 의사는 게이지를 치료하던 도중 흥미로운 점을 발견하게 된다. 사고 이전에 친절하고 좋은 사람이었던 게이지는 사고 이후 성격과 행동방식이 완전히 다른 사람처럼 변해버린다. 게이지의 친구들이 그를 더 이상 이전의 게이지로 생각하지 않게 될 정도로 매우 심한 변화였다. 이 사건을 연구하던 신경학자들은 대뇌 전두엽 손상이 성격과 행동에 큰 변화를 준다는 사실을 알아내게 된다. '우리의 감정이 대뇌 전두엽에 있다.'라는 사실을 증명해 낸 사례인 것이다.

지금까지 심신동일론을 둘러싸고 전개된 논의에서 이론의 핵심적인 주장과 그에 대한 반론 그리고 그 반론에 대한 응수를 살펴보았다. 이를 통해 확인할 수 있었던 것은 동일론이 물리주의적 입장을 반대하는 다각적인 비판에 대해 매우 유연하게 대처하고 있다는 점이다. 그들은 신경과학이 발전하면 모든 것이 밝혀지게 될 것이라는 논리로 반론들에 대해 적절하게 응수해 왔고, 그 어떠한 반론도 동일론의 근간을 흔드는 데는 역부족이었던 것으로 평가된다. 하지만 동일론이 근 50년이 지난 최근까지도 이렇다 할 명백한 증거를 제시하지 못하고 있다는 맹점을 지니고 있는 것 또한 사실이다.

5. 기능적 상태를 수행하는 존재로서의 인간

동일론이 갖는 맹점을 보완하면서 그 개념 설정을 달리하고 있는 기능주의는 보다 치밀한 논증 형태를 취한다는 점에서 자판기의 단순한 입출력 기능과는 비교가 되지 않을 정도로 매우 정교하다. 기능주의는 모든 유형의 심리적 상태의 본질적 또는 결정적인 특성이 신체에 가해지는 환경적 영향, 다른 유형의 심리 상태들, 신체적인 움직임, 모든 기능적 상태 등이 갖는 기능적·인과적 상태의 합에 있다는 관점을 취한다. 말하자면, 기능주의적 관점에 따른 인간의 심리 상태는 또 다른 심리 현상이 그 원인으로 작용할 수 있다.

기능주의의 입장에서 볼 때 단순한 입력과 출력의 기능만으로는 심적 상태를 설명할 길이 없다. 왜냐하면 기능주의적 관점에서 심적 상태들이 인과적으로 다양한 심리 상태들에 영향을 미치며 상호 유기적으로 기능하기 때문이다. 그런 점에서 어떤 한 가지 심리 상태를 규명하기 위해서는 다른 모든 심리 상태를 파악해야 한다. 예를 들어, 기능주의 입장에서 보는 아픔은 피부에 생긴 상처와 그로 인해 생기는 걱정과 괴로움의 감정들, 그리고 백혈구가 증가하고 아드레날린이 생기는 등의 신체적인 작용 등의 모든 상태가 서로 유기적으로 기능하는 방식으로 드러난다. 걱정과 괴로움 등의 감정이 아픔의 원인으로서 기능하기 때문이다. 이렇게 기능주의적 관점에서는 다양한 심리 상태가 상호 유기적으로 영향을 주고받는 형태로 드러난다.

기능주의에서는 인간의 심리 상태를 육체와 다른 무언가로 보지 않는다는 점에서 동일론과 같지만, 여러 부분에서 큰 차이를 보인다. 앞에서 언급한 동일론은 심적 상태와 두뇌 상태 간에 일대일 환원으로부터 출발한다. 그래서 동일론이 성립하기 위해서는 어떠한 상황이 되었건 정신과 두뇌가 일대일로 대응해야만 한다. 우리의 슬픔은 슬픔과 같은 역할을 하는 전기 작용이, 즐거움에는 즐거움과 같은 역할을 하는 전기 작용이 필요하다.

하지만 기능주의자들은 동일론에 대해 다음과 같은 의혹을 제기한다. 예를 들어 만일 우리가 외계인을 만난다고 가정해 보자. 그 외계인은 우리처럼 탄소로 만들어져 있지 않으며 실리콘으로 되어 있고 우리와는 분명하게 다른 생리학적 구조를 가진 두뇌를 가지고 있다. 이들의 화학적·물리적 구조는 우리와 다르지만, 이들은 우리처럼 감정과 지성을 지닌다. 이 경우에 동일론은 외계인의 지성(intelligence)에 대해 설명할 길이 없다. A=a가 되고 A′=a′가 되어야 하는 동일론에서 B인 외계인의 두뇌 상태가 a인 우리의 정신 작용과 같을 수 없기 때문이다. 이는 인간이 개발하고 있는 인공지능의 경우에도 물을 수 있는 질문이다. "동일론이 사실이라면 비인간의 지능을 어떻게 설명할 것인가?" 이 물음에 대해 기능주의에서는 다음과 같이 깔끔하게 답변한다. 만약 외계인이나 로봇의 기능이 우리 인간과 아주 비슷한 구조를 가지고 있다면 그들의 지능과 생각은 우리의 그것과 아무 차이가 없다고 말이다.

최근 가장 영향력을 행사하고 있는 기능주의 역시 동일론이 직면했던 것과 마찬가지로 문제점을 안고 있다. 우선 기능주의에 대한 가장 일반적인 반론은 다음과 같다. 즉, 반대론자들은 기능주의의 관계적 속성이 틀렸다고 주장한다. 기능주의에서는 앞서 언급한 바와 같이 각각의 기능들이 상호 인과적인 관계에 있다고 보는데, 기능주의 반대론자들은 이런 관계적인 속성들이 심리적인 상태의 본질적인 특성을 무시하고 있다고 주장한다. 그들은 아주 많은 유형의 심리 상태들, 통증이나 색에 대한 감각, 온도에 대한 감각, 음에 대한 감각 등이 본질적이라고 하면서 기능주의는 잘못되었다고 주장한다.

명백한 결함이라고 주장하는 이 전형적인 사례는 결여된 감각질

(Qualia)의 문제(전도된 스펙트럼 사고 실험)에서 살펴볼 수 있다. 예를 들어 빨간색 꽃을 볼 때 우리는 정상적으로 '빨강'에 대한 감각을 느끼겠지만 누군가는 '초록'에 대한 감각을 느낄 수도 있다. 이런 현상은 다른 색에도 성립된다. 그러나 우리는 서로의 내적인 감각질을 비교할 방법이 없기 때문에 내가 보는 색이 다른 누군가가 보는 색이라고 확신할 방법이 없다. 기능주의가 갖는 문제점이 여기서 발생하는데, 내가 보는 색이 다른 사람의 색과 다르다 하더라도 우리는 여전히 기능적으로는 동일하다는 점이다. 우리가 갖게 되는 빨강에 대한 감각과 초록에 대한 감각은 모두 꽃에 대한 감각으로서, 기능주의자들에 의하면 양자는 전적으로 같은 감각이 되어버리고 만다. 기능주의에 대한 비판론자들은 위의 두 사건이 완전히 다른 것임을 설명하면서 기능주의가 틀렸다고 주장한다.

6. 기능주의적 근거에 따른 인간 – 기계

기능주의자들은 서로 다른 감각임에도 기능적으로 동일한 감각이 되고 만다는 반론에 대해 기능주의에서의 관계적 속성이 틀리지 않았다는 점을 들어 응수한다. 기능주의적인 입장에서는 어떤 심적 상태도 본질적인 상태가 아니다. 기능주의자들에 따르면 본질적인 심리 상태란 존재하지 않으며, 만약 그것이 기능적으로 완전히 같다면 서로 다른 두 심리 상태를 하나로 볼 수 있다고 주장한다. 그들은 전도된 감각의 경우에 두 감각은 전적으로 하나일 수밖에 없다고 설명한다. 하얀 바탕에 검은 줄무늬를 가진 얼룩말이나 검은 바탕에 하얀 줄무늬를 가진 얼룩말이나 결국은 줄무늬라는 점에서 동일한 것과 마찬가지다. 그들은 한 대상에서 야기된 색에 대한 감각은 그 대상의 특징을 두드러지게 하는 것일 뿐 한 종류의 심리 상태를 구분하는 본질적인 것이 아니라고 주장한다.

기능주의 비판론자들은 또 다른 반론으로 결여된 감각질의 문제를 들고 있다. 그들은 이러한 반론을 들어 기능적인 상태가 같다고 해서 반드시 인간과 같지는 않다면서 기능주의에 허점이 있음을 지적한다. 이 철학자들이 생각한 한 가지 단적인 사례를 들면 다음과 같다. 만약 기능적인 상태가 우리의 심리 상태와 완전히 동일하다면 우리는 엄청나게 거대한 로봇 두뇌를 만들 수 있을 것이다. 그 로봇의 두뇌 속에는 십억 명의 중국인들이 타 있고, 그들은 서로 특정한 정보들을 주고받으면서 완전히 우리의 두뇌와 같은 방식으로 기능을 수행한다. 동시에 거대한 로봇은 인간과 완전히 똑같이 기능하고 연산하며 슬픔과 비슷한 반응을 보이기도 한다.

기능주의 비판론자들은 이런 체계에서 나타나는 슬픔이나 아픔에 관한 기능적 역할들이 과연 감각인지에 대해 묻는다. 이런 기능들은 고유한 감각질을 가진다고 생각되지 않으며, 따라서 그것들이 진짜 심리 상태가 될 수 없다고 말한다. 이들은 로봇이 아무리 사람과 비슷하게 기능하더라도 사람과 같은 감각을 가지고 있지 않다고 주장한다.

이러한 반론에 대한 기능주의자들의 응수는 다음과 같다. 이 결여된 감각질에 관한 문제에서 기능주의자들은 비판론자들이 착각을 하고 있다고 주장한다. 그들은 결여된 감각질은 존재하지 않으며, 기능적인 상태가 인간과 같으면 그 대상은 특유의 감각질을 가지고 있다고 말한다. 기능주의자들은 중국인 수만 명이 탄 로봇의 경우에도 우리처럼 감각질을 가지고 있는 하나의 인격체가 될 수 있다고 주장한다.

기능주의자들은 중요한 것은 매개체가 아니며, 그것이 인간의 두뇌 속 전기 작용이 되었든 외계인 두뇌 안의 알 수 없는 작용이 되었든, 거대 로봇 안에 올라탄 수만 명의 중국인이 되었든 상관없다고 주장한다. 그들은, 감각질은 인간과 동형적으로 기능하는 모든 경우에 필연적으로 나타나며, 우리 인간의 감각질이 정확히 어떤 것인지 밝혀지지 않았음에도 우리가 감정을 느끼고 생각하는 것처럼, 인간이 아닌 그 무언가의 감각질을 찾아내기 어렵다고 해서 없는 것은 아니라고 말한다. 이를 영화의 사례를 통해 살펴보면 다음과 같다. 영화 「바이센테니얼 맨」에서는 소녀가 소중하게 여기는 물건을 로봇이 떨어뜨려 부서지게 되고 이에 로봇이 양심의 가책을 느끼는 장면이 등장한다. 영화 내에서 로봇은 소녀의 물건을 부순 것에 대해 양심의 가책을 느끼는 것처럼 행동한다. 그는 인간의 감정을 전혀 이해하지 못하고 있지만 기능적으로는 인간과 동일하게 행동한다. 우리가 보기에 그의 행동은 자연스러워 보이고 인간처럼 양심의 가책을 느끼는 것으로 보인다. 만약 이런 로봇이 존재한다면, 기능주의적 관점에서 우리는 로봇을 인간과 같은 존재로 여기지 않을 이유가 없을 것이다.

1 플라톤 저, 이승재 역, 『소크라테스의 변명』, 1994, 민성사, 251쪽.

2 르네 데카르트, 『성찰』, 1997, 문예출판사.

3 이 이론에 대해 설명할 수 있는 가장 좋은 사례로 피니어스 게이지의 유명한 일화가 있다. Bear, Mark F., Barry W. Connors, Michael A. Paradiso, *Neuroscience: Exploring the Brain*, 2006, Lippincott Williams & Wilkins.

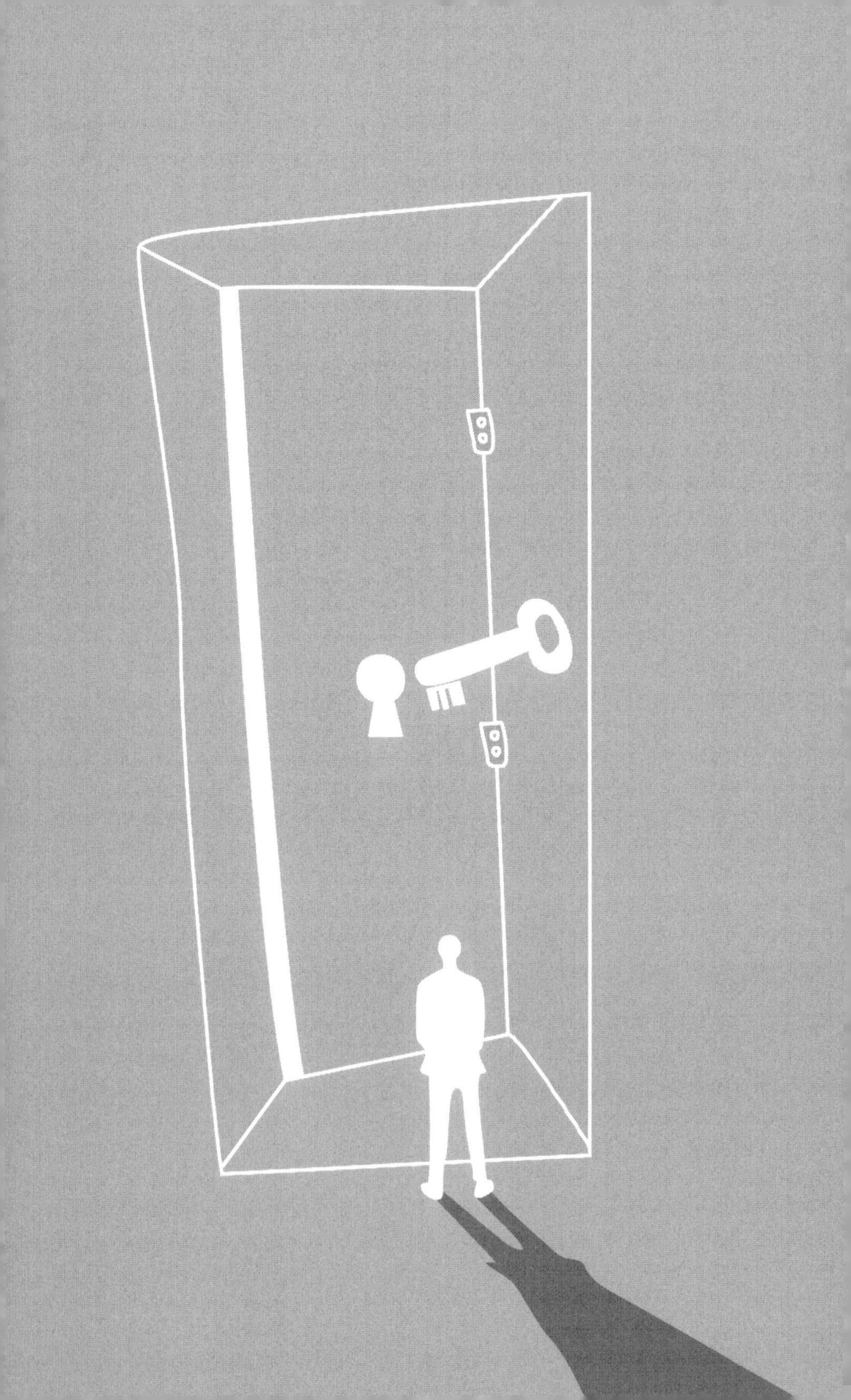

| 제8장 |

행복에 대한 인문학적 성찰

1. 행복에 대한 담론

'행복'에 대한 인문학적 담론은 아리스토텔레스의 사유에서 시작하여 공리주의, 실존주의에 이르기까지 항상 인간의 존재에 대한 근본적 질문과 연관되어 왔다. 하지만 일관된 행복에 관한 개념을 제시하고 정리하기란 인간의 존재 자체를 정의하는 것만큼이나 방대하고 체계화하기 어려운 작업이다. 하지만 여타의 인간 감정과 관련된 개념들과는 달리 '행복'은 인간의 존재와 삶의 의미와 관련이 있기에 철학자들의 끊임없는 관심의 대상이 되어 왔다. 인류가 존속하는 한, 행복에 대한 논의는 끊이지 않을 것이다. 어찌 보면 행복이란 인간이 절대 달성할 수 없는 완전한 상태라는 점을 염두에 둔다면 실현 불가능해 보일 수도 있다. 그런 점에서 아리스토텔레스의 말대로 행복이란 부를 소유한 상태도, 권력을 소유한 상태도, 건강한 상태도, 비록 그것들이 행복을 위한 외적인 조건이 될 수 있을지는 몰라도 그 자체가 행복은 아니다. 행복은 인간이 자신의 본성을 실현하기 위한 지속적인 정신의 활동성인 것이다.

신화시대 사람들은 행복을 천국에서의 삶으로 이해하였다. 그들은 자신들이 어떤 이유로 그곳을 떠나왔고, 그 이유가 소멸하면 되돌아가야 할 고향으로서 천국을 상정하였다. 그리고 그곳에서의 삶의 방식을 행복이라고 여겨왔다. 물질적으로 부족한 것도, 정신적으로 걱정도 없는 천국, 그러한 삶이 신화시대 사람들이 생각하는 행복의 주된 내용이었다. 이러한 행복관은 현대의 종교적 교리나 그 밖의 신화적 전통을 따르는 문학 작품들 속에 주로 이상향이나 유토피아로 등장하고 있다. 이미 고대 그리스의 아리스토텔레스가 지적했듯이, 행복은 삶의 수단이 아닌 궁극적인 목적으로서의 삶의 지침(목적)이었다. 또한 에피쿠로스(Epicurus)는 행복, 즉 최고선을 쾌락이라고 주장하면서, 쾌락을 육체적 고통이나 영혼의 문제가 없는 상태로 정의한 바 있다. 그는 쾌락이 현세에서 인간이 추구해야 할 목표이기는 하지만, 이성에 의해서 합리적으로 추구되어야 한다고 지적하였다.[1] 결국 이전의 신화적 행복과 이성적 행복 간의 괴리감은 많은 문학과 철학의 모티브가 되었으며, 그것들을 기반으로 고대인은 삶과 행동의 목표를 이전과는 다른 방향으로 지향하게 되었다.

행복에 대한 인문학적 접근은 근대에까지 그 전통이 이어진다. 인간의 행복에 대한 연구는 계속되었고, 행복을 극대화하기 위한 이론적 근거를 마련하려는 노력들이 진행되었다. 그리고 서구가 그리스 로마적인 전통을 부활시킨 르네상스를 거쳐 계몽주의에 이르렀을 때, 행복에 대한 근대적 이해는 절대 이성이나 절대자와의 일치감에서 벗어나 에피쿠로스적이거나 신화적 쾌락주의, 즉 육체적 고통이나 영혼에 문제가 없는 상태로 환원되었다. 게다가 이러한 쾌락은 선택 받은 소수가 아니라 모든 사람이 누려야 할 것으로 이해되었고, 모든 남자와 여자가 천국이나 내세가 아닌 현세에서 행복할 수 있고 행복해야만 한다는 생각을 가지게 되었다. 이러한 행복의 가능성과 행복의 당위성은 근대에 접어들면서 자기이해의 중요한 부분이 되었다.

또한 행복이 이처럼 사회적 차원으로 논의됨으로써 행복은 그 내용적 측면에서도 변화를 겪게 되는데, 그것이 바로 행복의 물질화다. 사회정치적으로 인간의 행복을 보장하는 방법은 무엇이었을까? 그것은 물질적 풍요였다. 왜냐하면 개인의 행복이 주관적이기는 하지만, 이러한 주관적 행복을 영위하기 위해서는 객관적 조건이 요구되는데, 그것이 다름 아닌 물질적 풍요에서 비롯된다고 믿었기 때문이다.

이렇게 물질화로 인해 행복을 계량할 수 있게 되었고, 모든 사람의 평등한 행복을 약속하였지만 실제로 그것이 실현된 모습은 행복의 서열화였다. 각각의 개인은 고유한 주관적 행복보다는 만인에게 보편적인 객관적 행복, 즉 물질 만족을 행복이라 여기기 시작했다. 이것은 현대인들로 하여금 자신의 행복을 자신보다 더 행복한 사람들의 행복과 비교하게 함으로써 불행 의식에 빠지게 했다. 그리고 이러한 불행 의식에서 벗어나기 위하여 사람들은 무한 경쟁에 뛰어들게 된다. 행복해야 할 지금의 우리가 처해 있는 상황은 오직 불행한 무한 경쟁일 뿐이다. 이것은 현대인에게 많은 인간 정체성 문제와 윤리적인 문제를 야기하였고,

인문학 본연의 임무였던 행복에 대한 관심은 무관심과 정체로 이어지게 된다. 더욱이 이러한 무한 경쟁의 도래는 어쩌면 이제까지의 행복에 관한 경제학적 이해가 더 이상 현실에 적합하지 않다는 것을 보여주는 것이기도 하다. 오늘날 현대인에게 행복에 대한 일반적인 견해는 개인, 개성에 따라 가치관의 차이가 존재하므로, 어디까지나 각 개인의 주관적인 가치관에 따라 만족감이 성취된 심리 상태로만 이해되고 있다. 역설적으로 오늘날 인문학적인 논의들 속에서 행복에 관한 담론을 찾기란 그리 쉽지 않다.

앞에서 언급했듯이 고대 그리스와 근대에 이르기까지 행복은 결코 인문학의 주변 문제만은 아니었으며 오히려 그 중심에 놓인 핵심적인 문제였다.[2] 그럼에도 불구하고 고대와 근대의 철학자들과 문학자들이 행복에 대해 심사숙고하지 않은 까닭은 시대가 변하고 그에 따른 이해의 척도도 변하여, 행복이 내적 노력에 의해서만 성취될 수 있는 것이라기보다는 어떤 외적인 것에 의하여 자동으로 주어지는 타고난 권리라고 생각했기 때문이다. 하지만 이제까지 잘 작동되어 왔던 행복에 대한 이러한 이해가 최근에 이르러 별로 그 효과를 보지 못하고 있다. 더욱 행복해질 것이라는 예상은 빗나가고 있으며, 오히려 행복 속에서의 불행이라는 역설적 현상이 나타나고 있다.

2. 행복에 대한 주관적 의미와 객관적 의미

부나 명예, 권력, 학력과 같은 비교적 객관적이고 외향적인 요건들을 모두 합친다고 해도 행복해지는 조건의 약 15%를 넘어서지 않는다는 연구 결과가 있다. 이는 객관적 조건을 갖추었다고 해서 행복이 이에 비례하여 증가하지는 않는다는 것을 보여주는 것으로, 평균 또는 평균 이하의 사회적 지위와 소득을 가진 사람들에게 위안이 될 수도 있는 결과다. 행복에 대한 객관적인 조건과 관련하여 10년 이상 세계 부호 1위를 고수하는 빌 게이츠(Bill Gates)와 미국에서 가장 영향력 있는 경제인 중 한 사람인 워렌 버핏(Warren Buffett)의 인터뷰에서 몇 가지 흥미로운 사실을 발견할 수 있다. 성공의 정의에 대해 물었을 때 빌 게이츠는 다음과 같이 답변하고 있다.

> "여러분이 좋아하는 일을 선택하세요. 그러면 성공은 자연히 따라오게 됩니다. 아니, 여러분은 결코 성공을 비켜갈 수 없을 겁니다. 저의 일이 세상에서 가장 중요한 일이라고는 생각하지 않습니다. 하지만 제게 맞는 일인 것만큼은 틀림없습니다."[3]

명문 대학을 박차고 나올 정도로 적성과 미래에 대한 확신이 있었던 그는 여지없이 '즐기면서 할 수 있는 일'을 찾으라고 조언하고 있다. 같은 질문을 받은 워렌 버핏 역시 다음과 같이 답변하고 있다.

> "성공이 행복이라면 분명히 정의할 수 있습니다. 제가 바로 그 표본이거든요. 전 일 년 내내 좋아하는 일만 합니다. 좋아하는 일을 좋아하는 사람들과 함께할 뿐, 제 속을 뒤집어놓는 사람들과는 관계할 필요조차 없지요. (중략) 저는 가벼운 발걸음으로 일터에 나가 열심히 일하다가, 가끔씩 의자에 등을 기댄 채 천장을 바라보며 그림을 그리곤 합니다. 이것이 제가 행복을 느끼는 방식입니다. 재미있지 않나요?"[4]

그들의 답변은 결코 새롭거나 거창한 정의를 내놓고 있지는 않다. 그러나 성공과 행복에 대한 대답으로 자신의 일과 일터에서의 최고 상사라는 위치에서 답변하고 있다는 것을 알 수 있다. 그들은 엄연히 회사의 CEO로서 그들이 하는 일을 통해 막대한 자본을 벌어들이고 있으며 직업에 대한 접근 방법과 일하는 행위가 곧 자신의 성공이요, 행복인 것 같다고 답변하고 있다.

통계적으로 복권에 당첨되었던 이들의 80%가 자신이 불행해졌다고 답변했다고 하는데, 이것은 주관적 행복의 중요성을 보여주는 사례다. 불행이 곧 행복의 반의어는 아니지만 일확천금을 얻게 된 그들은 객관적으로 응당 성공과 행복을 맛보아야 할 사람들인데 그렇지 못하다니 아이러니한 일이다.[5] 이처럼 객관적 행복은 타인이 판단할 수 있는 것이라면, 주관적 행복은 개인에 의해 판단되며, 다시 말해 돈과 지위보다는 영향력과 성취도에 더 큰 비중을 두고 있다.

철학자나 사상가들도 행복에 대해 저마다 다른 정의를 내리고 있는데, 러셀(Bertrand Russell)은 행복은 보람이라고 말하고 있으며, 동양의 달라이 라마(Dalai Lama)는 "욕망을 모두 채우는 것이 행복이 아니라, 진정한 행복을 위해 나의 욕망을 절제할 줄 아는 것이 진정한 행복에 이르는 길"이라고 말한다.

그런데 오늘날 각종 행복 관련 지표를 보면 사람들의 행복을 좌우하는 가장 결정적인 요소는 경제적 수입이라는 것을 확인할 수 있는데, 이는 아리스토텔레스가 행복을 "탁월성에 따르는 영혼의 활동"으로 정의한 것과는 매우 대비되는 결과다. 그런데 일 인당 국민소득이 2만 달러 이하인 국가들은 대부분 수입과 행복이 비례하고 있지만, 2만 달러를 넘어선 국가들은 수입과 행복이 더 이상 비례하지 않는 것으로 나타났다. 우리는 이것을 통해 언뜻 행복과 수입이 비례 관계에 있는 것으로 보이지만, 더욱더 향상된 경제적 부의 상태는 결코 삶에 대한 만족을 추가로 보장해 주지 않는다는 것을 알 수 있다. 여기서 중요한 것은 현재 우리나라가 이러한 분기점 근처에 위치하고 있다는 사실이다.

우리는 여기에서 '행복 지수'에 대해 생각해 볼 필요가 있다. 이것은 자신이 얼마나 행복한지를 스스로 측정하는 지수로서, 영국의 심리학자 로스웰(Rothwell)과 인생 상담사 코언(Cohen)이 만들어 2002년 발표한 행복 공식을 말한다.[6] 영국 싱크탱크 재단이 2006년 조사한 세계 국가별 행복지수 통계에서 바누아투라는 남서 태평양에 있는 작은 섬나라가 1위로 뽑혔다. 이 조사에 사용된 지표로는 삶의 만족도, 평균 수명, 생존에 필요한 면적, 에너지 소비량 등이 있었다. 전 세계 178개국을 대상으로 조사했는데, 바누아투의 국내 총생산량은 전 세계 233개 국가 중 207위에 불과했다. 삶의 질이 소득이나 소비 수준과 관계없다는 것을 보여주는 단적인 사례다. 연기 나는 굴뚝이라곤 전력 회사밖에 없는 바누아투는 청정 국가이고, 기름진 화산섬 특유의 토양과 넉넉한 강우량 덕분에 음식 걱정이 없다. 식량 자급이 쉽고 자연을 만끽할 수 있는 여유가 일종의 국민성이 된 것은 아닌지 추정해 볼 수 있다.

로스웰의 행복지수가 발표되기 이전인 1998년 런던정경대학에서도 세계 54개국을 대상으로 행복지수를 조사했는데, 세계 최빈국에 속하는 방글라데시가 국민들이 느끼는 행복도가 가장 높은 나라로 조사됐다. 2위와 3위 또한 극빈국인 아제르바이잔과 나이지리아가 차지했고 미국과 일본 같은 선진국들은 모두 40위권 밖에 머물렀다. 그렇다면 왜 선진국이 아닌 이런 극빈국들의 행복지수가 높은 것일까? 이 대학의 경제학자 리처드 레이야드는 "사람들은 다른 사람과의 비교를 통해 부를 느끼기 때문에 국가 전체적으로 소득이 늘어난다고 해서 개인의 상대적인 위상 변화가 생기지는 않는다."고 말했다.[7] 방글라데시의 경우, 바누아투와 마찬가지로 경제적으로는 세계에서 손꼽히는 빈국이지만, 국민들은 자신의 종교에 의지하면서 자그마한 것에 만족하고 행복을 느낀다. 방글라데시는 국민의 90%가 모슬렘 신자다. 모슬렘 신자들이 자주 말하는 어구에는 "인샬라 알라."라는 말이 있는데, 무슨 일이 일어나더라도 모두 '신의 덕이고 신의 탓이다.'라는 뜻이다. 매년 겪는 극심한 홍수도, 가난도 쉽게 받아들이고 주어진 처지에 만족하려는 습성이 행복지수에 그대로 반영된 것으로 보인다.

그러나 이 조사에는 '상대성'을 고려하지 않았다는 맹점이 있다. 모슬렘 신도만큼이나 압도적인 수치인 인구의 93%가 이 국가의 극빈층인 점을 감안한다면 중산층의 개념은 거의 적용되지 않는다고 할 수 있다. 이는 선진국들과는 구별되는 부분이다. 선진 문물을 경험해 본 방글라데시인이라면 자국 안에서 행복지수가 높다고 체감하기는 어려울 것이고, 선진사회의 국민이라면 아열대성 기후에 심한 홍수, 태풍 피해를 앓는 방글라데시에 방문한다고 하여 그의 행복지수가 갑자기 올라가지는 않을 것이다.

가난한 나라에서 행복한 국민으로 살 것인가, 아니면 불만족한 채로 선진국의 국민으로 사는 게 바람직할 것인가. 자연과 선진 문물의 혜택을 적당히 갖춘 나라에서 적당히 만족하며 살 수 있다면 좋겠지만, 인간의 태생과 만족도가 개인의 주관에 따라 적용되기는 어려울 듯하다.

3. 행복에 대한 인문학적 접근

'행복'의 문제는 플라톤과 아리스토텔레스의 사유에서 시작하여 공리주의, 실존주의에 이르기까지 항상 인간 존재의 근본적 질문과 연관되어 왔다. '사랑', '기쁨' 같은 가치 개념들과 마찬가지로 철학의 영역에서 '행복'의 개념들이 제시되었는데, 아리스토텔레스의 사례에서 볼 수 있듯이 '행복'은 한 철학자의 사고 체계 속에서도 모순적인 개념으로서 다가오기도 한다. 그래서 일관된 행복에 관한 개념을 제시하고 정리하기란 인간 존재 자체를 정의하는 것만큼이나 방대하고 체계화하기 어렵다. 하지만 여타의 인간 감정과 관련된 개념들과는 달리 '행복'은 인간 존재와 삶의 의미와 관련되어 있기에 철학자들의 끊임없는 관심의 대상이 되어 왔다.

물론 '행복'의 문제는 단순한 철학적 사유의 영역을 벗어나, 문화 인류학, 심리학이나 심지어 사회학, 정치학, 경제학, 의학 같은 비인문학적 영역에서도 중요하게 다루어진다. 삶의 의미 또는 목적, 그리고 과정에서 나타나는 '행복'에 관한 개념의 다양성은 역설적으로 그 개념들이 다양한 영역에서 인간과 인간의 삶을 이해하는 데 중요한 위치를 점하고 있음을 반증한다. 그렇다면 행복에 대한 인문학적 담론을 위해 구체적인 사례들을 통해 접근할 필요가 있다.

쇼펜하우어는 『행복론』에서 사람은 기본적으로 네 가지를 갖추어야 행복하다고 했다. 명랑한 정서, 건강[8], 정신적 평온, 약간의 재산이 그것이다. 여기서 명랑한 정서, 정신적 평온은 '정신적 건강함'의 범주에 들어가며 재산은 '약간'만 있으면 된다. 또 이성에 따라 행동하고 그 이성을 잘 돌보고 발달시키는 사람은 최상의 정신 상태에 있는 사람이며 신에게 가장 사랑받는 사람이라고 했다. 만일 사람들이 생각하고 있는 바와 같이 신들이 인간의 여러 가지 일을 조금이라도 살펴준다면, 가장 좋은 그리고 가장 그들을 닮은 것(즉, 이성)을 그들이 기뻐하고, 이것을 가장 사랑하고 소중히 여기는 사람에게 보답해 주는 것은 당연한 일이다.[9]

행복을 가져다준다는 주장들은 대부분 두 가지 비슷한 가정을 하고 있는데, 개인의 행복은 얼마든지 증대될 수 있고, 개인 스스로 행복을 증대시키기를 원한다는 것이다. 행복을 가져다주는 다양한 방법들이 있는 것처럼 실제로 행복을 의도적으로 조작할 수 있고, 또한 그 결과를 측정할 수 있다는 증거 역시 얼마든지 있다. 가장 많이 연구된 비약물 조작은 다양한 형태의 심리치료법이다.[10] 이 외에도 명상과 같은 수련이 긍정적인 효과가 있다는 증거도 지속적으로 보고되고 있다.

물론 행복은 하나의 편향된 상태에 속한 문제는 아닐 것이다. 만일 그렇다고 한다면 행복은 식물인간 상태의 사람에게도, 큰 비운을 당한 사람에게도 속해야 마땅할 것이다. 하지만 그렇지는 않아 보인다. 그렇다면 행복이 갖는 본질적인 속성은 무엇일까? 행복의 핵심적인 속성으로 반드시 포함되어야 할 것은 누구에게나 적용 가능한 속성이다. 그런 점에서 행복이 갖는 속성으로 자기 목적적이며 그 어떠한 것도 결여되어 있지 않은 상태로서의 '자족성'을 들 수 있을 것이다.[11] 이에 대한 철학적 근거에 대해서는 다음 장에서 구체적으로 다룰 것이다.

21세기에 들어와 보편적으로 많이 사용되는 용어 중 하나가 바로 웰빙(Well-being)이라는 단어다. 현대 사회의 구조상 물질적 부를 추구하는 시스템이 전반적으로 지배하고 있는 점을 감안할 때, 대부분의 사람들이 물질적 부의 축적에 많은 비중을 두고, 정신 건강을 경시하는 경향이 지배적이다. 이는 심한 경우 정신적 공황으로까지 진전되기도 한다. 물론 과거에도 다양한 형태의 육체적·정신적 삶의 유기적 조화를 추구하는 움직임이 있었지만, 이러한 움직임이 우리의 문화 속에 웰빙이라는 이름으로 자리 잡기 시작한 것은 최근의 일이다.

웰빙을 추구하는 사람들은 육체적으로 질병이 없는 건강한 상태뿐 아니라, 직장이나 공동체에서 느끼는 소속감이나 성취도, 여가생활이나 가족 간의 유대감, 심리적 안정 등 다양한 요소들을 웰빙의 척도로 삼는다. 몸과 마음, 일과 휴식, 가정과 사회, 자신과 공동체 등 모든 것이 조화를 이루어 어느 한쪽으로 치우치지 않은 상태가 웰빙이다. 이와 관련한 사례로 김성동 교수는 다음과 같이 지적하고 있다.

> "인류학자들에 따르면 구석기나 신석기 시대 사람들은 우리보다 훨씬 많은 여가생활을 즐겼고 우리보다 행복했다고 한다. 지금 우리가 그들의 생활을 직접 확인할 방법은 없지만, 그 시절의 삶의 방식을 오늘날까지도 유지하고 있는 사람들을 찾는다면 그 시절 사람들의 삶의 방식을 엿볼 수는 있다. (중략) 화장지 등을 제조하는 유한 킴벌리사는 1일 12시간 근무를 하지만 4일 일하고 4일 쉬는 체제를 취하고 있다. 하루 평균 6시간의 근무를 하는 셈인데, 그럼에도 불구하고 근로자들은 이런 근로방식을 혁명이라고 부르면서 더 좋은 임금을 준다고 하더라도 예전과 같은 방식의 작업체제로 돌아가지 않겠다고 공언하고 있다."[12]

이는 웰빙을 추구하는 현시대의 실태를 그대로 반영하는 것으로, 즉 삶의 질을 그만큼 중시하고 있다는 것을 의미한다. 이는 곧 시대적 상황이 행복지수와 불가분의 관계에 있다는 것을 함축한다. 행복지수가

21세기를 사는 현대인의 최대 관심사로 떠오를 수밖에 없는 요인 중 하나는 평균 수명이 과거와 비교할 수 없을 정도로 높아졌다는 사실이다. 인간의 평균 수명이 고작 40세 혹은 50세에 불과했던 과거에는 유전적인 영향을 받았거나 운이 좋은 극소수만이 장수를 누렸다. 하지만 지금은 80, 90세까지 사는 것이 매우 자연스러운 현상이 되었다. 문제는 이 긴 시간을 어떻게 하면 지루하지 않게 재미있고 행복하게 사느냐이다. 사회 역시 앞으로 젊은 층보다 수적으로 우세해질 노인층의 문제를 어떻게 해결할 것인가를 진지하게 고민해야 할 때가 되었다.[13] 이 점은 '세계 가치관 조사' 보고서에서도 확인할 수 있다.[14]

앞에서 언급했듯이 고대로부터 근대에 이르기까지 행복은 결코 인문학의 주변 문제만은 아니었으며 오히려 그 중심에 놓인 핵심적인 문제였다. 미스라이(R. Misrahi)의 분석에 의하면, 행복에 대한 인문학적인 논의는 크게 두 가지의 전통으로 나누어 볼 수 있다.[15] 그 하나는 플라톤(Platon)에서 칸트를 거쳐 하이데거(M. Heidegger)에 이르는 전통이고, 다른 하나는 아리스토텔레스에서 스피노자(B. De Spinoza)를 거쳐 블로흐(E. Bloch)에 이르는 전통이다. 하지만 현대의 인문학자들이나 사회학적 행복 연구자들은 전자만을 주목하고 후자를 간과하는 경향이 있다고 미스라이는 주목하고 있다. 그럼에도 불구하고 고대와 근대의 철학자들과 문학자들이 행복에 대해 심사숙고하지 않는 까닭은 시대가 변하고 그에 따른 이해의 척도도 변하여, 행복이 내적인 노력에 의해서만 성취될 수 있는 어떤 교양이 아니라 외적인 사물에 의하여 자동으로 주어지는 타고난 권리라고 생각했기 때문이다.

하지만 이제까지 잘 작동되어 왔던 행복에 대한 이러한 이해가 최근에 이르러 별로 그 효과를 보지 못하고 있다. 더욱 행복해질 것이라는 예상은 빗나가고 있으며, 오히려 행복 속에서의 불행이라는 역설적 현상이 나타나고 있다. 행복경제학의 창시자로 알려진 이스털린(R. Easterlin)이 지적한 역설처럼, 기본적인 의식주 욕구를 만족시키는 연 소득 1만 불 내지 2만 불 전후를 기준으로 더 이상 인간의 행복은 증진되지 않고 있다.[16] 이러한 신호들은 지금까지 우리의 행복에 대한 이해에 어떤 결함이 있음을 보여주고 있을 뿐만 아니라 인문학적 사유 전환을 통하여 시급히 해결해야 할 과제임을 알려 준다.

2007년 한국종합사회조사(KGSS) 심포지엄 자료집에 의하면 일본의 경우 지난 40년간 실질 소득이 증가했지만, 삶에 대한 만족도는 제자리 걸음을 하고 있다. 이러한 통계 지표가 우리에게 시사해 주는 바는 삶의 만족을 이해하는 데 있어 경제적 만족이나 경제학적 해석보다는 인문학적인 만족이나 해석이 더욱 중요하다는 것이다. 삶과 행복에 대한 인문학적 이해 없이는 소득의 증가가 바로 삶의 만족으로 이어지지 않으며 현재 우리나라가 그러한 기점에 놓여 있기 때문에 행복에 관한 인문학적 접근을 통해 그 해결 방안이 마련될 수 있음을 시사한다.

4. 행복에 대한 철학적 근거

4.1 아리스토텔레스의 행복론

사람이라면 누구나 행복한 삶을 원하기 마련이다. 현대사회에서 많은 사람이 그렇게 생각하는 것처럼, 고대 그리스 사회에서도 대부분의 사람들은 행복을 부, 명예, 권력, 건강, 장수 등으로 이해한 것으로 보인다. 그런데 행복이 무엇인가에 대한 질문에 대해 아리스토텔레스는 당시 그리스 사람들이 생각했던 상식적인 견해와 달리 합리적인 방식으로 행복론을 전개하고 있다. 그의 저서 『니코마코스 윤리학』에 행복론에 관한 논의가 구체적으로 잘 드러나 있는데, 그 중에서도 특히 제1권과 제10권에서 주되게 다루어지고 있다.

잘 알려진 바와 같이 아리스토텔레스는 개인의 행복뿐 아니라 공동체의 행복과 안녕을 실천철학의 중요한 탐구 과제로 삼고 있는데, 그에 따르면 행복한 삶이란 개인적인 차원을 넘어 공동체 속에서의 좋은 삶 혹은 성공적인 삶이다. 아리스토텔레스는 행복을 공동체 속에서의 삶, 전체에 대한 인간 자신의 만족과 연관 지어 파악하고, 선(good)하고 올바른 삶을 통해 참된 행복을 얻는다고 보았다. 사회적 존재로서의 인간이 행위를 통해 도달할 수 있는 목적 중에서 최고의 선을 바로 행복(eudaemonia)이라고 본 것이다. 그는 '행복이란 무엇인가?'라는 물음에 대한 답변이 개인과 주어진 상황에 따라 얼마든지 다를 수 있다는 측면에 대해 다음과 같이 언급하고 있다.

> "우리가 달성할 수 있는 모든 선 가운데 최고의 것은 무엇인가? 명목상으로는 대체로 누구나 여기에 대해서 같은 답을 내린다. 즉 일반 사람들도 교양 있는 사람들도 다 같이 그것을 행복이라고 말하며, 또 잘 살며 잘 처세하는 것이 곧 행복이라고 여긴다. 그러나 무엇이 행복이냐 하는 데 이르러서는 사람들의 생각이 같지 않으며, 또 일반 사람들의 설명은 철학자들의 설명과도 같지가 않다. 전자는 그것이 쾌락이나 부나 명예와 같이 뻔하고 명백한 어떤 것이라고 생각한다. 그러면서도 그들은 의견이 서로 다르다. 그리고 때로

는 같은 사람마저 경우에 따라 그것을 서로 다르게 본다. 가령, 병들었을 때는 건강을 행복이라고 여기기도 하고, 가난할 때는 부를 행복이라고 여기기도 한다."[17]

여기에서 보여주는 것은 배운 것과 무관하게 행복이 인생 최고의 선이라는 데에 일반적으로 동의하고 있다는 점이다. 그렇다면 '행복 그 자체는 무엇인가?'라는 물음에 대한 답변은 사람에 따라, 경우에 따라 특정한 사람에게서조차 얼마든지 다를 수 있다는 것이다. 보통 사람들은 쾌락, 부, 명예, 권력, 건강 등등 분명하고 일반적인 것을 행복이라 여기지만, 이처럼 사람들이 흔히 생각하듯이 행복이란 과연 그러한가? 이는 누구든 경우에 따라 어떤 때는 건강이 행복이었다가, 또 어떤 때는 부유함이 행복이 되는 그런 것이 아니라는 의미를 함축한다. 곧 행복에 대해 구체적으로 '그것은 무엇이다.'라고 답변이 주어지자마자 곧장 반박될 소지가 있음을 함축한다. 다시 말해 구체적인 행복이 제시될 경우 곧장 반박될 수 있는 가능성으로 인해 간접적으로 증명하는 경우라고 할 수 있다.

아리스토텔레스는 행복을 쾌락, 명예, 부 등으로 여기는 대중들의 견해에 대해 반박하면서, 세 가지 삶의 형식에 대해 말하고 있다. 그것은 플라톤의 『국가』편에서 유래한 것인데, 즉 쾌락적인 삶, 정치적인 삶, 관조적인 삶이 여기에 해당한다. 일반 대중들은 동물적인 본성에 따른 쾌락적인 삶을 선택하고, 교양 있고 능동적인 사람들은 명예를 행복이라 여기는데, 이것이 정치적인 삶에 해당한다. 이에 비해 관조적인 삶은 자족적이며 따라서 참된 행복에 이르게 한다는 것이다. 말하자면 아리스토텔레스는 관조적인 삶을 최고의 행복이라고 여기고 있는 것이다. 돈을 버는 것은 부득이한 측면을 갖지만, 그렇다고 해서 부 자체는 우리가 추구하는 최고의 선이 아니다. 그것은 단지 유용성의 가치를 지닐 따름이며, 다른 목적을 위한 수단일 따름이라는 것이다.[18]

4.2 지속적인 활동성으로서의 행복

행복을 부, 명예, 권력, 건강, 장수 등을 얻거나 그것을 소유하고 있는 '상태'로 이해한 당시 대중들의 견해와 달리 아리스토텔레스는 행복을 '인간 고유의 능력이 탁월하게 발휘되는 활동성'으로 이해하였다. 즉, 행복을 어떤 것을 소유한 상태로 본 것이 아니라, 도덕적인 탁월함(덕)의 성취를 위한 통로로 파악한 것이다. 탁월한 행위는 그 자체로 즐거운 것이며, 선하고 고귀한 것이다. 이러한 활동을 통해 우리는 부족함이 없는 자족적 행복을 얻게 된다. 그렇다고 해서 친구, 재물, 좋은 집, 혹은 외모나 건강 등 행복을 위해 외적인 것이 요구된다는 것 자체를 부인하지는 않는다.

아리스토텔레스는 행복이 '탁월함에 따른 정신적 활동'이라는 자신의 견해를 선의 본질로 규정하고 있는데, 그의 주장을 정리하면 다음과 같다. 의술이나 병술에서의 선이 각각 다르듯이, 선은 각각의 행위나 실천적인 기술에 있어서 다르다. 본래적 선이란 무엇인가? 그것은 다른 모든 것이 그것을 위해서 행해지는 그런 것이 아니겠는가? 예컨대 의학에서는 건강이, 건축에서는 집이 본래적인 선인 것이다. 말하자면 모든 행위에서 혹은 행위의 결정이나 선택에서 그 목적이 되는 것이 바로 선인 것이다. 그러나 인간이 추구하는 목적은 돈, 명예, 건강, 부, 좋은 외모 등 수없이 많은데, 이 모든 목적이 궁극적인 목적이 되는 것은 아니다.

최고의 선이 궁극적인 목적이 되는데, 말하자면 언제나 그 자체로 추구할 만한 가치가 있는 것이 궁극적인 것이다. 바로 이것을 아리스토텔레스는 행복이라고 말한다. 왜냐하면 행복 이상의 궁극적인 목적이란 있을 수 없고, 또 행복을 수단으로 해서 얻을 수 있는 것은 그 어떠한 것도 없기 때문이다. 다시 말해서 행복이 최고의 선인 이유는 우리가 언제나 행복을 다른 무엇을 위해서가 아니라 그 자체로서 우리가 추구해야 할 목적으로 여기기 때문이라는 것이다.

아리스토텔레스에 따르면, 최고의 선은 궁극적인 선이며, 궁극적인 선은 자족적인 것(autarkeia)으로, 그 자체로 충분한 것이다. 자족이란 말 자체가 암시하듯이, 그것은 삶을 바람직하게 만들며, 그리고 아무런 부족함이 없는 것으로 보고 있다. 이러한 의미에서 행복은 자족적인 것이다. 여기서 아리스토텔레스가 말하는 자족은 물론 개인적인 의미가 아니라, 사회적인 의미에 따른 개념임을 간과해서는 안 된다.

> "우리가 자족적이라 함은 어떤 한 개인만을 위하여 족함을 의미하는 것이 아니고, 또한 부모나 자녀와 아내와 일반적으로 친구들과 동포들을 위해서도 족함을 의미하는 것이다. 인간은 본래 사회적인(정치적인) 존재로 태어났기 때문이다."[19]

여기에서 우리는 아리스토텔레스가 말하는 행복이 개인적인 차원을 넘어서는 사회적·공동체적인 행복의 의미를 담고 있음을 이해할 수 있다. 말하자면 아리스토텔레스의 행복 개념은 사회적 규정과 깊은 연관관계 속에서 그 의미를 완전히 드러내는 것이라고 할 수 있다.

아리스토텔레스는 행복은 궁극적인 목적이요, 최고의 선이며, 또 그 자체로 부족함이 없는 자족적인 것이라는 논의에서 한 걸음 더 나아가 행복의 본질에 대한 물음에 답하고자 한다. 행복이 모든 인간이 추구하는 궁극적인 최고의 선이라는 점이 분명하다면, 여기에서 더 나아가 밝혀야 할 것은 그것이 무엇인지에 대해 해명하는 일이다. 행복의 본질을 파악하기 위해 아리스토텔레스가 선택한 전략은 다른 존재와 구별되는 '인간의 본성과 기능'에 대한 해명이다. 그는 인간에게만 고유한 능력과 본질을 해명함으로써 행복의 본질을 밝힐 수 있다고 본 것이다. 이는 행복이 인간의 본질과 밀접하게 관련되며, 또 인간 본질의 탁월한 실현이 바로 행복임을 암시하는 대목이기도 하다.

인간이 식물처럼 생명의 기능인 영양과 성장을 갖는다는 점에서 보면, 생명이 인간 고유의 기능과 본질은 아니다. 인간과 동물이 공유하는 감각 능력도 마찬가지로 인간만의 특수한 능력이 아니다. 인간이 식물, 동물과 공유하는 부분을 빼고 남는 부분이 인간만이 갖는 고유한 기능이고 본질이다. 그것은 다름 아닌 인간의 이성적인 정신(영혼)이다.

아리스토텔레스에 따르면 인간의 본질인 정신은 두 부분으로 나눌 수 있는데, 그 하나는 이성적인 원리에 따른다는 의미에서의 능력이요, 다른 하나는 이성적인 원리를 소유하며 이성적으로 사유한다는 의미에서의 활동이다. 인간 고유의 능력은 한마디로 '정신이 이성적 요소에 부합하는 활동성'이다. 도자기를 빚는 사람의 능력이 도자기를 탁월하게 잘 빚는 데 있듯이, 탁월한 인간은 자신의 고유한 능력의 활동에 따른 행위를 탁월하게 수행하는 데 있다. 따라서 인간이 도달할 수 있는 최고의 선인 행복은 자기 활동의 참된 탁월함이라는 의미에서 정신의 활동성이다.

행복은 인간의 탁월함에 따른 활동성인데, 아리스토텔레스가 말하는 이 탁월함은 신체의 탁월함이 아닌 정신의 탁월함이다. 다시 말해서 행복은 인간에게만 본래적이고 고유한 정신의 활동인 것이다. 정신의 이성적 요소를 이론적인 지성과 실천적 지혜로 구별하듯이, 아리스토텔레스도 탁월함을 두 종류로 나눈다. 지적인 탁월함과 도덕적인 탁월함이 그것이다. 지혜, 지성, 도덕적 통찰은 지적인 탁월함이요, 관용이나 절제는 도덕적인 성품의 탁월함이다.[20]

지금까지의 논의에 의하면 아리스토텔레스가 말하는 행복은 어떤 것을 소유한 상태가 아니라, 어떤 활동성을 의미한다. 다시 말해서 부를 소유한 상태도, 권력을 소유한 상태도, 건강한 상태도, 비록 그것들이 행복을 위한 외적인 조건이 될 수 있을지는 몰라도 그 자체가 행복은 아니다. 행복은 인간이 자신의 본성을 실현하기 위한 지속적인 정신의 활동성인 것이다.

분명한 것은 이러한 행복이 한순간에 이루어지지 않는다는 것이다. 일반적으로 우리는 자신이 목적한 바를 성취하면 행복하다고 느끼고, 그렇지 못하면 불행하다고 느낀다. 행복이 모든 사람이 추구하는 진정한 것(선)이라면, 그것은 일시적인 만족이나 쾌락도, 또 어떤 외적인 선을 소유한 상태도 아닐 것이다. 행복은 일정한 순간이 아닌 전 생애를 거쳐 달성되어야 하는 것이라는 점에서 우리는 아마도 그것을 인생의 궁극적인 목적이라고 말하는지도 모른다. 아리스토텔레스는 행복이 전 생애를 통한 것이라는 점을 다음과 같이 비유적으로 표현하고 있다.

"그것은 온 생애를 통한 것이 아니어서는 안 된다. 한 마리 제비가 날아온다고 봄이 오는 것도 아니요, 하루아침에 여름이 되는 것도 아닌 것처럼, 인간이 복을 받고 행복하게 되는 것도 하루나 짧은 시일에 되는 것이 아니기 때문이다."[21]

행복이 한순간, 하루, 혹은 생의 한 국면에서 가질 수 있는 것이 아니라, 생애 전체를 통한 인간 본질을 발현하고 실현하는 지속적인 활동성이라고 한다면, 우리는 이러한 거시적인 의미에서 행복을 생애 전체를 통한 성공적인 삶이라고 해석할 수 있을 것이다. 간단히 말해, 행복은 온전한 덕과 생애 전체를 통하여 비로소 성취되는 것이라고 할 수 있다.

그럼 우리는 언제 행복하다고 판단해야 하는가? 살아 있는 동안에는 행복하다고 말할 수 없는가? 죽은 후에야 비로소 행복한 사람이었다고 말할 수 있는가? 이에 대한 아리스토텔레스의 답변은 다음과 같다. 우리는 어떤 사람의 최후를 보고 나서 비로소 행복한 사람이었다고 판단해야 할 것이다. 만약 우리가 운(luck)의 변화를 주목하게 되면, 우리는 가끔 동일한 사람을 두고 때로는 행복하다, 때로는 불행하다고 말할 것이다. 그러나 인생의 전체적인 성공이나 실패는 운에 달린 것이 아니다. 물론 인간의 삶은 많은 경우에 운과 같은 우연한 외적 조건에 영향을 받기도 하고, 또 그런 것을 필요로 하지만, 우연만으로는 충분치가 않다. 그것은 부차적일 따름이다.

비록 운이 따르지 않고 오히려 큰 불행이 닥친다고 할지라도 고귀한 성품을 지닌 사람은 불행 속에서도 빛을 발할 것이다. 왜냐하면 그는 인생의 여러 가지 어려운 변화와 불행을 정신의 위대함과 고귀함을 가지고 품위 있게 견디어 낼 것이며, 인간의 능력 가운데 가장 안정적인 지속성에 해당하는 도덕적인 탁월성(덕)을 소유하고 있기 때문이다. 이 점에 대해 아리스토텔레스는 다음과 같이 말한다.

> "우리의 생에 대하여 결정적인 힘을 가진 것이 활동이라고 한다면, 행복한 사람치고 비참하게 될 사람은 한 사람도 없다. 왜냐하면 행복한 사람은 가증하고 비열한 행위를 절대로 하지 않기 때문이다. 참으로 선하고 현명한 사람은 인생의 모든 변화를 훌륭하게 겪어나가며 또 언제나 그가 당한 처지를 가장 잘 이용한다고 우리는 생각한다. …… 확실히 미래란 우리에게는 분명치 않은 것인데, 행복은 하나의 목적이요, 모든 점에서 궁극적인 목적이다. 그렇다면 우리는 살아 있는 사람들 가운데서도 이상의 조건을 갖추고 있는 그리고 또 앞으로도 갖추게 될 사람들을 행복하다고 해야 할 것이다."[22]

아리스토텔레스에 따르면, 행복한 사람은 심오하게, 그리고 지속적으로 자신의 삶의 의미를 충족하는 사람이다. 그래서 행복한 사람은 일시적인 것이 아닌 전 생애를 거쳐 온전한 덕에 따라 지속적으로, 그리고 자기의 이성에 따라 활동하고, 또 그 이성을 가꾸고 성숙하게 하여 최선의 정신 상태를 가지려고 끊임없이 노력하는 사람이다. 아리스토텔레스는 이어서 다음과 같은 자신의 확신을 덧붙이고 있다. "행복한 사람은 가능하다면 여러 가지의 외적인 선들도 동시에 소유한 사람이 아닐까?"

5. 행복에 대한 인간학적 의미

지금까지 행복에 대한 인문학적 담론과 철학적 의미에 대한 분석 그리고 행복의 조건에 대해 살펴보았다. 2003년 서울대 사회발전 연구소에서 조사한 '한국사회 국민의식과 가치관에 관한 조사연구'에서 한

국인의 행복지수는 66.5점인 것으로 알려졌다. 이는 외환위기 직전인 10년 전보다 9.5점 오른 수치이며 미래에는 더 높아질 것으로 예상했다. 당시 조사에 참여한 전국 성인 1,200명의 70.2%가 행복한 삶을 결정하는 요인으로 '건강'을 꼽았다고 한다. 그밖에 소득과 학력도 행복도를 높이는 데 일조하였다고 조사되어, 사람이 행복하다고 느끼려면 정신적·신체적 건강의 보장뿐 아니라 객관적 행복의 조건까지 두루 갖추어야 한다는 것을 알 수 있다. 물론 건강은 인간 생존의 필수 조건이다. 그런 의미에서 건강은 다른 모든 것을 가능하게 해준다는 점에서 그 중요성에 대해 시사하는 바가 매우 크다.

앞에서 지적했듯이 아이러니한 것은 선진국들의 경우 소득이 크게 늘었음에도 불구하고 국민들이 별로 행복해하지 않는 현상이 나타나고 있다는 점이다. 이러한 '행복의 역설'을 연구한 로널드 잉글하트(R. Inglehart) 미시간대학교 교수의 분석에 따르면, 1인당 국민 소득이 1만 달러 혹은 1만 5,000달러를 넘는 나라들은 그 국민의 행복지수가 비슷하다고 한다. 그리고 실제로 지난 1945년부터 2000년까지 55년 동안 미국의 1인당 국민소득은 3배나 늘었지만, 행복지수는 제자리를 맴돌고 있다. 이것은 '가진 것'에 관한 권태와 '가지지 못한 것'에 대한 욕망이 동시에 늘어나고 있기 때문으로 분석된다. 그리고 물질적으로 풍요로워지면서 선택의 여지가 늘어남에 따라 자신의 선택에 대한 만족감은 줄어들게 된다는 것을 말한다. 그렇지만 이렇게 인간의 본성에 대한 해석만으로는 이런 행복의 역설을 이해하고 극복하기에 충분하지 못하다. 더욱 중요한 것은 복지와 행복을 평가하는 새로운 해석 방법이 절실하다는 사실이다. 즉 사회 경제적인 측면에서뿐만 아니라 우리의 관습적이고 인문학적인 측면을 고려하는 행복의 이해가 정책적으로 요구되고 있는 것이다. 예를 들어, 개발도상국들이 경제 성장에만 초점을 맞추고 있던 지난 1972년 히말라야 산맥의 작은 나라 부탄은 GDP(국내총생산)를 대신할 GNH(국민총행복; Gross National Happiness)를 국정운영의 기준으로 삼았다. GNH는 안정적인 경제 발전과 자연환경 보호, 민족문화 증진, 그리고 좋은 통치 등 네 기둥으로 이루어져 있다. 의료와 교육은 전액 무상이며 자연보호를 위해 연간 관광객 수를 제한하고 있다. 이런 정책으로 부탄은 1인당 GDP 1,200달러의 가난한 나라지만, 영국 레스터대가 조사한 국민행복지수에서 세계 8위에 올랐다. 그 결과, 지금 세계 여러 나라는 행복에 대한 사회과학적 지표와 인문학적인 제언들을 바탕으로 하는 정책 수립에 몰두하고 있다.

인류가 존속하는 한, 행복에 대한 논의는 끊이지 않을 것이다. 어찌 보면 행복이란 인간이 절대 달성할 수 없는 완전한 상태라는 점을 염두에 둔다면 실현 불가능해 보일 수도 있다. 이에 염세주의자인 쇼펜하우어의 주장대로 인간은 태어나지 않음이 행복하다는 견해 또한 얼마든지 이해할 수 있을 것 같다. 아리스토텔레스의 말대로 인간이 생존해 있는 동안 행복이 결과가 아닌 과정이라는 점에 비추어 볼 때 앞의 견해와 일맥상통한 것은 아닐까? 이런 불완전한 인간의 몫이란 주어진 삶을 살며 저마다의 위치에서 꾸준히 갈망하고 노력하는 일일 것이다. 그러면 행복은 "사유하는 인간이기에 달성할 수 있는" 실체로서 늘 우리 곁에 머물 것이다.

1 임성철, "감각이 곧 진리다", 『감각하는 인간』, 한양대출판부, 2004, 3장 참조.

2 행복에 대한 미스라이(R. Misrahi)의 분석에 의하면, 행복에 대한 인문학적인 논의는 크게 두 가지 전통으로 나누어 볼 수 있다. 그 하나는 플라톤(Platon)에서 칸트(I. Kant)를 거쳐 하이데거(M. Heidegger)에 이르는 전통이고, 다른 하나는 아리스토텔레스에서 스피노자(B. b Spinoza)를 거쳐 블로흐(E. Bloch)에 이르는 전통이다. 하지만 현대의 인문학자들이나 사회학적 행복 연구자들은 전자만을 주목하고, 후자를 간과하는 경향이 있다며 미스라이는 주목하고 있다.

3 빌 게이츠 저, 김광수 역, 『빌 게이츠와 워렌 버핏-성공을 말하다』, 월북, 2004, 38쪽.

4 빌 게이츠 저, 김광수 역, 2004, 37쪽.

5 또 다른 사례로 몇 해 전 우리나라 최대 기업인 삼성 가문에서 자살 사건이 있었다. 대자본가인 이건희 회장과 국내 미술계에 가장 지대한 영향력을 가진 홍라희 여사의 딸 이윤형이 유학 생활 중 자살한 것이다. "첫째, 사람은 태어나지 않음이 행복하다. 둘째, 태어났으면 일찍 죽는 것이 행복하다. 셋째, 일찍 죽지 않았으면 자살하라."라고 이야기하는 쇼펜하우어의 3대 행복론에 비추어 보았을 때, 그녀는 오히려 행복한 사람인지도 모르겠다. 그러나 꽃다운 나이에 스스로 목숨을 끊은 그녀의 장례식은 분명 축하할 만하다거나 행복한 장면은 아니었을 것이다.

6 이들은 18년 동안 1,000명의 남녀를 대상으로 80가지 상황 속에서 자신들을 더 행복하게 만드는 5가지 상황을 고르게 하는 실험을 하였다. 그 결과 "행복은 인생관·적응력·유연성 등 개인적 특성을 나타내는 P(personal), 건강·돈·인간관계 등 생존 조건을 가리키는 E(existence), 야망·자존심·기대·유머 등 고차원 상태를 의미하는 H(higher order) 등 3가지 요소에 의해 결정된다."고 주장하였다. 이들은 3요소 중에서도 생존 조건인 E가 개인적 특성인 P보다 5배 더 중요하고, 고차원 상태인 H는 P보다 3배 더 중요한 것으로 판단하여 행복지수를 P+(5×E)+(3×H)로 공식화하였다(행복지수〔幸福指數〕, 네이버 백과사전).

7 Richard Layard, "*Happiness: Has Social Science a Clue?*", London School of Economics, Lionel Robbins Memorial Lectures, 2003 참조.

8 하루에 7시간 정도 충분히 수면하는 사람은 그보다 덜 자거나 더 자는 사람보다 우울할 가능성이 50%밖에 되지 않는다는 조사 결과가 있다(김성동, 『아버지는 말하셨지, 너희는 행복하거라』, 철학과 현실사, 2007, 96쪽에서 재인용).

9 아리스토텔레스(1991), 306쪽. 특히 눈여겨보아야 할 점은 행복과 건강의 관계에 관한 것이다. 한 연구에서 미국 수녀들의 삶을 연구한 바 있다. 수녀들은 수녀 서품을 받을 때 자전적인 스케치를 썼는데, 연구자들은 서품을 받을 때 수녀들이 얼마나 긍정적인 감정을 표현했는지 보기 위해 그 스케치를 읽었다. 그런 후 수녀들의 평균 수명을 조사했다. 모든 수녀들이 서로 비교 가능한 식습관과 생활 패턴, 그리고 결혼과 출산 경험을 갖고 있었기 때문에 이것은 아주 자연스러운 실험이라 할 수 있었다. 연구 결과, 스케치에서 가장 긍정적인 감정을 표현한 수녀들 중 90%가 85세까지 생존했다. 반면 긍정적인 감정을 가장 적게 표현한 수녀들 중에는 단지 34%만이 85세까지 생존했다. 이러한 연구는 긍정적 감정이 육체 및 정신건강에 더 좋은 영향을 미친

다는 것을 밝혀준다. 건강도 돈을 주고 살 수 있나? 어느 정도의 대안은 될 수 있지만, 영구적이지는 못하다. 불로장생은 누구의 힘으로도, 어떤 것으로도 불가능하다. 우리는 물질만능주의에 살고 있지만, 돈으로 죽은 사람을 살려낼 수는 없다. 그러므로 우리는 어떻게든 필사적으로 생명과 건강을 지키려고 한다(대니얼 네틀 저, 김상우 역, 『행복의 심리학』, 와이즈북, 2006, 105쪽).

10 대니얼 네틀, 2006, 206~207쪽.

11 아리스토텔레스 저, 최명관 역, 『니코마코스 윤리학』, 1991, 서광사, 298~299쪽.

12 김성동, 2007, 56쪽.

13 안네 폰 블롬베스크 저, 윤효진 역, 『행복지수 LQ 테스트로 알아보는 행복』, 다른우리, 2003, 26~27쪽.

14 '세계 가치관 조사' 보고서에 의하면, 인간의 행복을 결정하는 중요한 요소로 일곱 가지를 꼽고 있다. 즉, 가족 관계, 재정 상황, 일, 공동체와 친구, 건강, 개인적 자유, 그리고 개인적 가치가 그것이다. 개인적 자유는 그가 어떠한 정치 상황에서 태어나는가와 관련이 있고, 또 개인적 가치는 그가 어떤 종교적 신념을 갖는가와 관련이 있기 때문에 보편적인 결정 사항은 아니다. 그래서 보편적인 행복의 요소는 앞의 다섯 가지인데, 조사에 따르면 이는 또한 행복을 결정하는 주요도의 순서이기도 하다. 또 조사는 이러한 요소들의 비중을 통계화함으로써 이들 요소들 간의 상호비교 가능성까지도 제시하고 있다. 예를 들어 결혼보다 동거는 -2만큼의 행복도의 변화를 의미하는데, 이는 수입의 1/3이 감소한 정도에 해당한다. 직장이 불안정할 경우에는 -3만큼의 행복도가 변화하는데, 공동체가 불안하거나, 건강이 20% 악화되면 -1.5만큼 행복도가 또한 변화한다.

15 로베스 미스라이 저, 김영선 역, 『행복 기쁨에 관한 소고』, 동문선, 2006, 서론 참조.

16 1974년 펜실베이니아 대학의 경제학 교수인 이스털린은 「*Does economic growth improve the human lot?*」이라는 논문에서 1946년부터 가난한 나라와 부자 나라, 사회주의와 자본주의 나라 등 30개국의 행복도를 조사했다. 첫 번째 결과는 경제발전 단계와 사회체제와는 상관없이 소득이 높은 사람들이 높은 행복도를 나타냈지만, 일정 시간이 지나면 소득 수준이 더 높아져도 행복도는 높아지지 않는다는 것이다. 예를 들어, 제2차 대전 때 패망한 뒤 급속한 발전을 이룬 일본의 경우, 1970년대까지 1인당 소득이 7배까지 높았지만 삶의 만족도가 그만큼 늘어나지 않았다. 즉, 부유해졌지만 행복해진 것은 아니다. 이것을 바탕으로 이스털린 교수는 사람들의 기본적인 욕구가 충족된다고 해서 경제성장이 인간의 삶의 만족도를 높여주지 않는다고 지적했다.

17 아리스토텔레스, 1991, 34쪽.

18 아리스토텔레스, 1991, 36쪽.

19 아리스토텔레스, 1991, 43쪽.

20 아리스토텔레스, 1991, 58쪽.

21 아리스토텔레스, 1991, 44쪽.

22 아리스토텔레스, 1991, 51쪽.

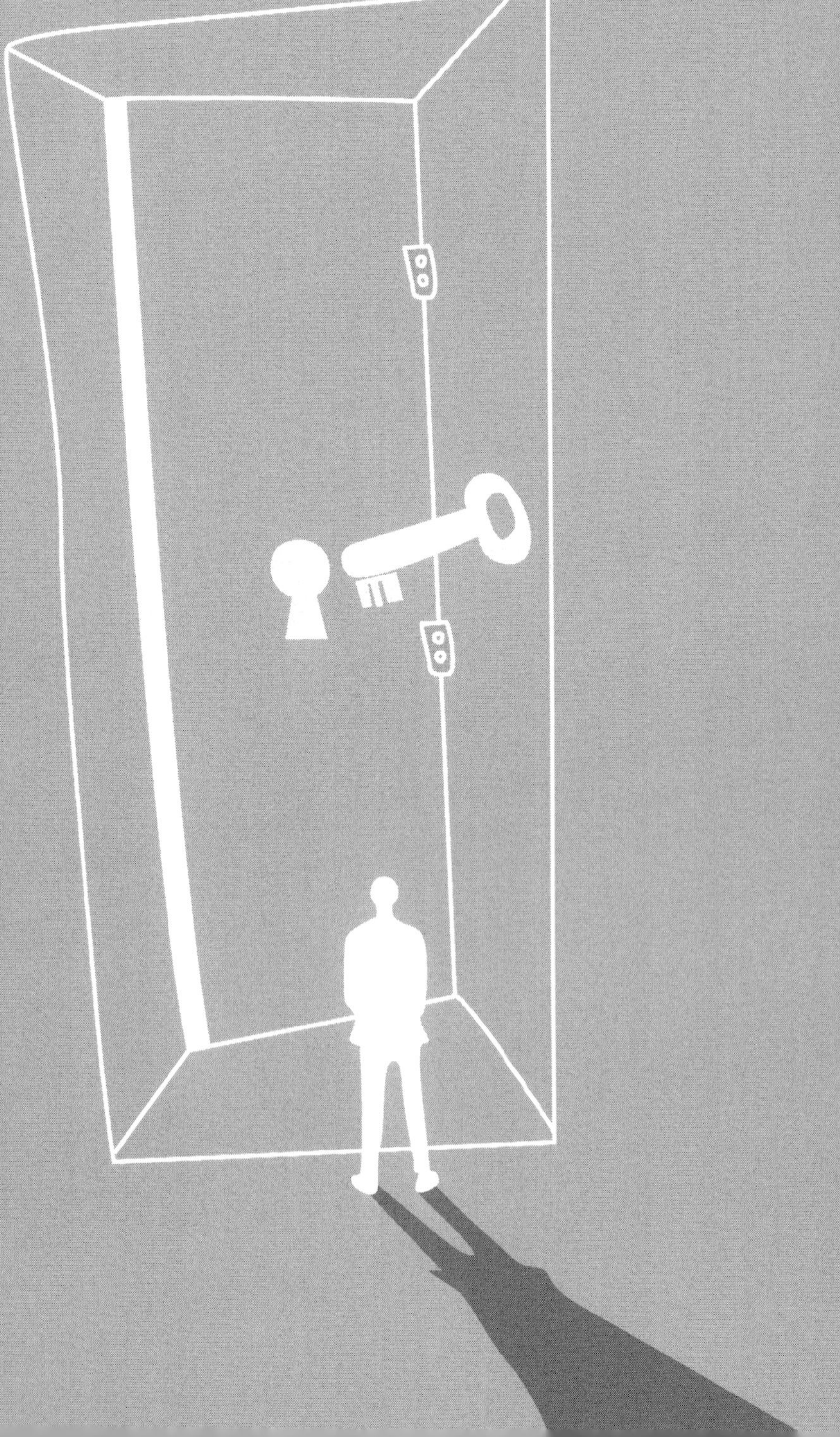

| 제9장 |

환경 문제에 대한 철학적 반성

1. 과학기술문명과 환경 문제

지난 수 세기 동안 과학기술이 제공한 물질적 풍요에 대한 경험을 통해 과학기술의 힘은 무한한 것처럼 여겨지고 있으며, 앞으로 인간의 존립을 위해 필수 불가결한 요소로 받아들여지고 있다. 과학기술에 대한 우리의 신뢰는 예측 가능성과 함께 우리에게 유용성을 제공해 준다는 점에서 비롯될 것이다.

과학적 성과와 그 기술적 적용에 따른 유용성 제공은 우리를 매료시키기에 충분하고 '과학적'이라는 말이 가지는 매력만큼이나 우리는 일상생활에서 과학적이라는 말을 즐겨 사용한다. 이는 어떤 주장이나 이론이 제기되었을 때, '과학적'이라는 수식어가 붙는 경우에 한해서만 그것을 받아들일 수 있다는 의미로도 해석할 수 있다. 그만큼 과학의 막대한 영향력으로 인해 과학적이라는 수식어를 통해 문화가 형성되어 왔다는 의미로도 해석할 수 있다. 이는 과학기술의 영향력이 인간 삶의 모든 영역에 침투하여 그 시시비비를 가릴 수 있을 정도의 위력을 갖게 된 것으로 받아들일 수 있다. 여기에는 과학이 우리의 '시대 정신'을 대표한다는 의미뿐만 아니라, 어떤 문제 해결에 있어 과학만이 그 역할을 수행할 수 있고, 인간의 지적 수행에 있어 과학만이 진정한 의미의 진보를 가능케 하는 유일한 분야라는 생각이 바탕에 깔려 있다.[1]

하지만 다른 한편으로 우리에게 물질적 풍요를 제공한 바로 그 과학기술에 의해 우리의 삶의 터전인 자연을 상실할지도 모를 위기에 직면해 있다. 과학의 발달과 그 기술적 적용에 따른 자연에 대한 인위적 개입과 조작은 결국 환경 파괴라는 상황을 낳았고, 우리는 삶의 터전인 자연을 상실할지도 모를 위기에 직면한 것이다. 오늘날 자원 고갈, 환경오염, 생태계 파괴 등으로 인간을 포함한 생명체의 생존 터전이라 할 수 있는 자연환경이 급속도로 변하고 있고, 수많은 생명체가 사라져가고 있다. 이처럼 파괴되어 가는 자연에서 인류의 투명한 미래를 보장할 수 있을지는 아무도 장담하기 어렵다.

환경은 생명체가 존속할 수 있기 위한 존재 기반이다. 그래서 생명체가 존속하기 위해서는 최적의 '표준 환경(standard-environment)'이 요구된다. 자연의 일부로서 인간 역시 지구 상의 어느 생물보다 매우 높은 생태적 의존성을 지닌다는 측면에서 수많은 제약 조건을 지닌 존재임이 분명하다. 그렇다면 적어도 생명체의 존속이라는 차원에서 환경 문제를 도외시하는 그 어떠한 접근 방식도 올바른 것이라고 보기 어려울 것이다. 그 대표적인 사례로 환경 문제와 관련한 학문적 접근 방식에 있어 사실과 가치, 존재와 당위를 구분하려는 태도를 들 수 있다. 적어도 생명체의 존속이라는 차원에서 보았을 때 이러한 이분법적 접근 방식은 결코 올바른 태도가 아니다. 이는 곧 환경 문제에 관한 사실에 근거를 두되 가치적 측면이 동시에 고려되어야 한다는 것을 의미한다.[2]

이 글의 목적은 과학기술에 대한 무한한 신뢰와 우리의 존재 기반을 상실할지 모르는 환경 문제와의 딜레마에서 과학기술을 어떻게 이해해야 할 것인가에 대한 대안을 과학의 본성적 측면에 초점을 맞추어 해명하는 데 있다. 이를 위해서는 과학에 대한 본성 규명과 함께 과학의 기술적 적용에 따른 문제, 그리고 환경 문제에 대한 보다 근본적인 해결책을 찾기 위한 선행적 진단은 필수적이다.

2. 과학의 본질과 이성주의

자연에 대한 정당화된 신념으로서의 과학은 그것을 확보할 수 있는 인간의 능력을 허용하는 경우에 한해 성립한다. 말하자면 자연의 진리를 인식할 수 있는 인간의 이성적 능력을 인정하는 경우에 한해 비로소 과학이 성립될 수 있다는 의미를 함축한다. 이성과 자연 그리고 자연에 대한 이성적인 지식을 전제하지 않는 과학의 성립은 있을 수 없다. 이것을 더욱 구체적으로 이해하기 위해서는 과학의 본성적 측면에 대한 해명이 선행되어야 할 것이다. 현대 과학이 근대 과학에 그 뿌리를 두고 있다고 했을 때, 서구 근대 과학의 본질적인 측면에 대한 이해를 위해서는 중세와의 불연속성하에 대두된 근대 과학의 배경에 대한 고찰이 요구된다.

근대 철학자들은 인간의 이성적인 능력이 아닌 신의 은총에 따른 신앙에 의거해 신의 섭리와 지혜를 추구할 것을 역설한 중세의 신학자들을 정면으로 비판하면서 이성의 우위를 강조했다. 물론 자연에 대한 진리 인식의 근거라 할 수 있는 보편성과 영속성을 확보해 내는 것이 관건이기는 하지만, 그럼에도 불구하고 근대 철학자들은 이성의 재발견이라는 방식을 통해 그 가능성을 끊임없이 타진했다. 이러한 이성의 재발견은 중세 신학자인 토마스 아퀴나스에게서 그 단서가 마련되는데, 그는 자연에 대한 진리를 확보할 수 있는 중요한 인간의 능력으로 이성의 역할에 큰 비중을 두었다.[3] 아퀴나스의 이러한 입장은 이후 자연에 대해 지대한 관심을 기울이기 시작한 근대 철학자들에게까지 이어진다. 아퀴나스를 비롯한 이러한 중세의 주지주의(主知主義)적 견해는 근대 합리론자들에 의해 인간과 자연에 관한 모든 문제를 인간 스스로 해결할 수 있을 것이라는 근대 이성주의 과학관으로 발전하는 원동력이 된다.[4]

과학혁명을 주도한 서양 근대의 과학자들은 과거 중세 때 신의 위치에 인간의 '이성'을 대치시키게 된다. 말하자면 진리 인식의 기준과 가치 판단의 기준 등이 신의 영역에서 인간의 영역으로 전환되었다는 것을 의미한다. 이제 신은 인간의 이성에 의해 중심 자리에서 밀려나게 되었으며, 진리 인식의 기준이자 가치 판단의 기준이 되는 신의 섭리는 단지 믿음의 대상이 될 뿐, 더 이상 인간에게 불필요하게 되었다. 결국 중세의 몰락과 함께 대두된 서양 근대의 이성중심주의는 개별적인 인간 의식에 주어진 것 혹은 그에 기초한 것만을 인정하려는 생각을 인간의 모든 사고영역에 침투시키게 된다. 이에 대한 구체적인 이해를 위해서는 플라톤과 아리스토텔레스의 실재론에 대한 이해가 필요하다.

플라톤은 존재하는 세계를 인간이 속한 현상계와 이를 넘어선 이데아계로 구분하고, 끊임없이 변화하는 현상 세계와 변치 않는 것으로서 수학적 원리 등과 같은 모델이 갖는 성격에 착안하여 그것을 초월하여 존재하는 세계, 즉 항구적이고 영원불변하는 세계가 실재한다고 보았다. 그렇지만 여기에서 영속성과 보편성을 지닌 절대적 권위라고 하는 것은 현상계가 아닌 이데아계에 속한 것이라고 생각했다. 아리스토텔레스 또한 다양성과 변화를 특징으로 하는 현상계 배후에 놓인 어떤 불변적이고 안정적인 실재(reality)의 영역이 존재한다고 생각한 것이다. 겉으로 드러난 자연의 모습, 즉 우리에게 드러나 보이는 자연은 끊임없이 변하는 데 반해 자연의 본 모습으로서의 실재는 불변하며 영속적이다. 게다가 그러한 자연의 참모습은 인간이라면 누구라도 동일하게 파악할 수 있다고 본 것이다. 왜냐하면 모든 인간은 자연의 참모습을 파악할 수 있는 능력인 이성을 보편적으로 지니고 있기 때문이다. 그리고 언제나 변화하는 자연에 대한 정보를 확보하는 능력이 우리의 감각과 지각에 있는 반면, 자연을 초월하여 있는 실재 세계에 관한 지식을 인식할 수 있는 능력은 바로 인간의 이성이라고 보았다. 이성은 불멸하는 영혼의 활동이라는 측면에서 불변하는 세계에 속하는 대상에 관한 사실을 인식할 수 있다고 생각했기 때문이다.

이러한 플라톤 및 아리스토텔레스의 유산은 근대 자연과학자들로 이어지게 되는데, 특히 이들은 플라톤과 아리스토텔레스의 견해에 비추어 자연의 다양한 변화 가운데서 변하지 않는 어떤 영속적이고도 안정적인 것을 찾고자 했다. 그들은 그러한 안정적인 요소를 자연이 변화하는 방식에서 발견하게 되는데, 즉 자연은 변화하지만 그 변화하는 방식만큼은 어떤 일정한 법칙에 따라 변화한다는 점에서 안정적이고 일정하다는 것이다. 따라서 근대 과학자들은 인간의 '이성적 능력'을 통해 자연의 전 영역에 거쳐 성립하는 그러한 법칙을 찾고자 했으며 그에 따른 결과로 수많은 자연법칙을 발견하게 된다.

20세기에 이르기까지 자연에는 우리가 지각하는 개별적인 사물들 이외에도 일정한 자연법칙이 실제로 존재한다고 여기고, 이를 기술하는 것이 과학적 작업의 핵심적인 부분을 이룬다는 것이 과학자들의 일반적인 믿음이었다. 감각적으로 지각할 수 있는 개별적·물리적인 사물들은 자연법칙의 틀에 넣어 정리하는 경우에 한해 인간의 통제하에 놓이게 된다. 자연법칙은 자연의 영속적인 측면으로 감각에 의해 지각되는 것이 아닌 오직 이성에 의해서만 접근할 수 있다. 그렇다고 해서 자연법칙이 이성적인 통찰에 의해 한순간에 얻어지는 것은 물론 아니다. 자연에 대한 우리의 지식은 이성이 어떤 일정한 방식에 따라 접근해 나가는 경우에 한해 확보될 수 있다.

3. 과학적 성과와 그 기술적 적용의 문제

현대 문명의 토대가 되는 과학기술은 앞에서 지적한 바와 같이 근대 과학에 그 근원을 두고 있다. 17~18세기에 거쳐 성립한 근대 과학은 과거 어느 시대와도 비교할 수 없을 정도로 자연에 대한 인간의 지식을 확장시켰으며, 그 기술적 적용을 통하여 삶의 다양한 분야에서 인간의 물질적 조건을 향상시켰다. 이러한 성공을 기반으로 하여 근대 과학의 방법과 가치관은 오늘날에 이르기까지 모든 인식적·실천적 행위의 기준으로서의 지위를 확립시켰다. 이처럼 근대 과학이 역사적으로 미친 지대한 영향을 감안할 때, 근대 과학의 탄생을 칸트의 지적대로 코페르니쿠스적 전회라 부를 만하다.

근대 과학의 탄생이 갖는 근본적인 의미는 그것이 자연에 대해 많은 지식을 제공했다거나 우리에게 유익한 기술들을 제공했다는 단순한 실용성의 차원을 넘어선다. 이보다는 인간이 자연에서 자신의 의미와 위상을 다시금 깨닫는 계기를 마련했다는 것에 의미가 있다. 많은 사상가들은 과학 활동을 통해 독단과 편견에서 벗어나, 인간 본연의 모습을 되찾고 새로운 인간상을 확립하고자 했다. 그것은 자신의 고유한 원칙에 따라 진리를 인식하고, 행위를 하는 이성적 주체로서의 인간이었다.

데카르트는 기계적인 자연과 달리 자율적·합목적적이고, 합리적으로 사유하는 능력에서 이성적 존재로서의 인간의 본질을 찾고자 했으며, 칸트는 인식을 합리적으로, 행위를 도덕적·가치지향적으로 수행할 수 있는 능력에서 이성의 본질을 확인하고자 했다. 게다가 칸트는 우리의 인식 능력의 한계를 세계의 한계로 규정함으로써 이성의 지위를 반석 위에 올려놓게 된다. 이로써 인간은 이제 초월적인 신의 의지나 주어진 외적 환경에 의해서 규정되는 존재가 아니라, 오직 자신의 이성적 원리에 근거하여 합리적으로 사물을 인식하고, 삶을 가치 있게 창출해내는, 즉 자연과 역사에 대한 주체의 지위를 확인했으며, 무한히 발전할 수 있다는 진보에 대한 신념을 획득하게 되었다.[5]

이러한 무한한 진보에 대한 신념은 다음 세 가지를 전제로 한다. 첫째, 이성적 능력에 대한 확고한 신뢰, 둘째, 이성적 능력의 신뢰를 바탕으로 한 과학적 진보에 대한 확신, 셋째, 과학의 기술적 적용에 따른 유용성 제공 등이 그것이다. 이 가운데 환경 문제 및 현대 과학기술 문명의 딜레마적 상황과 관련하여 특히 눈여겨보아야 할 것은 세 번째 전제다.[6] 이는 과학의 기술적 적용에 따른 인간의 '욕구(desire) 충족(산업화와 함께)'이라는 측면과 밀접한 연관성을 가진다. 물론 기술 그 자체가 문제가 된다고 말할 수는 없다. 왜냐하면 기술 혹은 기술력은 주어진 자연 속에서 인간이 생존하기 위한 필수조건이기 때문이다. 그런데 문제는 이것이 인간의 물질적 욕구 충족이라는 측면과 결부되면 상황이 얼마든지 다르게 전개될 수 있다는 점이다. 여기에서 전혀 다른 상황이란 이성이 욕구 충족에 종속되는 상황이 발생할 수 있다는 의미를 함축한다. 이는 과학에 대한 실용주의적 가치관과 잘 연결될 뿐만 아니라, 앞에서 지적한 반실재론적 과학관과도 잘 부합한다. 이러한 관점들이 가지는 공통점은 인간의 생존적 차원과 밀접하게 연관되어 있다는 사실이다. 여기에서 인간의 생존이 갖는 의미는 생존을 위해서는 욕구 충족이 필수적이라는 것을 뜻한다. 사실상 욕구 자체는 이성과는 무관하다. 그런데 이러한 관점에 따른 이성의 역할이란, 욕구 충족을 위해 수단을 강구하는 역할로 제한된다. 그렇다면 여기에서 이성은 욕구에 종속된다고 말할 수 있을 것이고, 이처럼 수단을 강구하는 데 기여하는 이성을 '도구적 이성'이라고 말할 수 있다. 여기에서 과학적 지식은 주어진 목표를 효율적으로 달성(욕구 충족을 위한)하는 데 요구되는 수단으로 제한된다.[7] 그러한 지식을 보다 정확하게 많이 지니면 지닐수록 우리가 활용할 수 있는 수단의 영역은 확대되며, 그에 따라 자연에 대한 효율적인 지배를 통해 더 많은 욕구를 충족할 수 있게 된다.

우리에게 주어진 자연환경 그 자체가 인간 생존에 적합한 모델일 수는 없다. 주어진 자연으로부터 인간의 생존을 보장하기 위한 최소한의 요건은 생존에 적합한 표준 환경을 만들어 나가기 위한 인류의 노력을 통해 확보된다. 그래서 인류는 기술력을 통해 생존에 적합한 모델을 창출해내기 위해 끊임없이 자연과 투쟁하면서 극복해 왔고, 특히 근대에 접어들면서 과학의 발달과 그 기술적 적용에 힘입어 급속히 환경을 변화시켜 나갔다. 그러나 이러한 환경 변화에 대한 인류의 노력이 인간 생존을 위한 최적의 조건이라 할 수 있는, 이른바 '표준 환경'을 형성하는 것과 인간의 욕구 충족이 일치한다고 했을 때, 옳고 그름의 분별이라는 이성의 본래적 기능[8]이 충분히 발휘되었다고 볼 수 있을 것이다. 하지만 그 불일치라는 현대 과학기술문명의 반환경적·딜레마적 상황은 이제 과학적 합리주의와 이성주의적 신념의 허구를 스스로 드러내고 있는 것이 아닌가 하는 의구심을 자아내게 한다. 하지만 그러한 문제 제기에도 불구하고 분명한 사실은 현대 문명이 직면한 반환경적·딜레마적 상황이 우리의 의지와 무관하게 주어진 것이라기보다는 우리가 추구한 방법과 가치관의 필연적 귀결이라는 점이다.

우리가 추구한 방법과 가치관의 필연적 귀결이라는 말은 그 본래적 기능을 상실한, 즉 도구적 이성에 따른 귀결이라는 것을 의미한다. 여기에서 이성은 욕구 충족을 위한 수단으로 전락한 도구적 이성인 것이다. 바로 그러한 도구적 이성의 영역 확장과 함께 자연의 수단화라는 한 축과 인간의 욕구 충족이라는 또 다른 축이 서로 맞물리면서 이성의 본래적 기능 상실과 자연(자원) 파괴라는 원치 않는 결과를 우리 스스로 만들어 가고 있는 것이다. 그러나 이성의 본질은 주어진 환경에 단순히 순응하고 답습하는 데 있는 것이 아니라, 더 나은 진리와 가치를 추구하고 자신의 삶의 환경을 새로이 창출해내는 가치 지향적인 비판 능력에 있다. 이를 이성의 본래적 기능이라고 했을 때, 그 기능은 이성이 추구하는 목적에 따라 욕구(의지)를 통제하는 데 있다. 또한 이성은 욕구를 지배하고 통제하는 입장에서 인간이 나아가야 할 방향을 잡아 주는, 이른바 목적 지도적인 역할을 수행하기도 한다. 따라서 인간에게 보편적이고도 선천적으로 부과되는 의무를 진리와 가치를 통해 이행하는 것은 이성의 목표 가운데 가장 궁극적인 것이다. 그 때문에 현대 문명의 반환경적 현실을 비판하고, 인류의 투명한 미래를 확보하는 하나의 새로운 환경과 그러한 삶의 조건을 모색하는 일은 본래적 이성이 마땅히 해결해야 할 과제라고 할 수 있다.[9]

4. 근대 과학사상의 반환경성

환경 문제와 관련하여 제기되는 중요한 철학적 논제 가운데 하나가 현대 과학기술문명에 대한 비판이다. 앞서 언급한 것처럼 과학은 현대 문명의 중요한 토대가 되며, 현대 과학은 역사적으로 17세기 이래로 발전되어 온 근대 과학의 연장선상에 있다. 그리고 모든 과학·문화 체계는 그것의 사상적 토대가 되는 일정한 패러다임, 즉 특정한 사상적 틀 안에서 성립하게 된다.[10] 그렇다면 현대 과학기술문명은 '근대 과학적 패러다임'의 토대 위에 성립한 것이 분명하다. 그 때문에 현대 문명이 지니고 있는 환경 문제는 근대 과학이 갖는 성격(근대 과학적 패러다임)에 대해 검토함으로써 진단할 수 있을 것이다.

근대 과학이 가지는 성격은 기계적 결정론, 탈목적론, 실용주의, 가치중립주의, 실증주의, 과학주의 등으로 요약할 수 있는데, 여기에서는 특히 환경론과 직접적인 연관성이 있는 몇 가지 특징을 중심으로 다루고자 한다. 이러한 성격을 토대로 하여 성립한 근대 과학은 인간중심적·기술지향적 과학으로 규정되는데, 이는 자연에 대한 인간의 조작을 정당화시켜준다는 측면에서 자연 지배적 태도와 비생명윤리적 관념 등을 그 특징으로 한다. 그리고 현대가 직면하고 있는 환경 문제의 근본적 원인은 바로 이 관념들에 기인한 것으로 파악된다.

우선 '기계적 결정론'은 대부분의 근대 과학자들이 자연에 대한 기본 관념으로 받아들인다. 그 대표적인 인물 중 하나인 데카르트는 모든 자연적 존재를 단순히 운동하는 물질로 보는 동시에 모든 성질을 수학적인 양(quantity)적 측면으로 환원시킬 수 있다고 본다. 그는 또한 수학이란 세계를 이해하고, 세계에 숨겨진 비밀을 해석하며, 인간이 세계를 조종하는 열쇠라고 본다. 그래서 모든 물질은 질서를 밝히는 수학으로 설명된다고 주장한다. 뉴턴의 물리학은 자연의 기계적인 운동을 완벽하게 기술하는 수학적 법칙을 제공함으로써, 근대의 기계론적 자연관을 과학적으로 실현한 대표적인 경우다. 뉴턴은 이러한 성과를 통해 사물에 관한 기계적·수학적 질서를 확인시켜주었으며, 자연이라는 기계는 이제 수학적 이성의 힘으로 완전하게 설명되고, 예측할 수 있으며 조정 가능한 것이라는 확신을 갖게 만들었다.

당시의 기계론적 자연사상에 따르면 우주는 신의 완전한 논리적·수학적 지성에 의해 만들어진 완벽한 기계이며, 그것은 이성의 합리적인 인식 능력에 의해 정확히 예측될 수 있다. 이러한 기계적 관념에 따라 세계는 톱니바퀴와 같은 시스템으로 이해되었으며, 인간의 삶 또한 예외

일 수 없다. 말하자면 우리의 일상생활은 기계적 메커니즘에 의해 통제되는 것으로 보았다. 여기에서 정확성, 속도 그리고 정밀성이 최고의 가치가 된다.

둘째로 '탈목적론'은 사실상 '기계적 결정론'에 따른 것으로, 자연에 인간처럼 정신적·합목적적 행위 능력을 인정하는 아리스토텔레스의 목적론적 자연 개념을 거부하는 것이다.[11] 데카르트는 인간을 제외한 모든 존재, 즉 자연을 정신(사유)을 결여한 것으로 수학을 통해 완전하게 해명될 수 있다고 규정함으로써 기계론적 사고를 정당화했으며, 정신을 제외한 모든 생명체를 자동기계에 불과한 것으로 파악했다. 이 기계결정론적·탈목적론적 사고는 근대 과학의 가장 핵심적인 특징을 이루며, 그것은 자연을 객체화하고, 자연물에 어떤 생명권도 인정하지 않음으로써 자연에 대한 인간의 기술적 조작을 정당화하고 나아가 자연의 파괴 및 탈생명윤리적 태도를 정당화하는 근거가 되기도 한다.

셋째로 '실용주의'는 과학적 지식의 실용성에 관한 주장이다. 이것에 따르면 자연이란 인간의 기술적 이용 대상으로서만 그 가치를 지닌다는 것으로 자연의 기술적 효용성을 절대화하고, 과학의 의미를 단순한 지배 지식으로 축소시키는 근거가 된다.[12] 과학의 실용주의적 전환에 큰 영향을 미친 베이컨(Francis Bacon)은 전통적 관념에 따른 과학의 목적인 사물의 (형이상학적) 본질을 이해하는 것에 대해 강력하게 비판하면서, 과학의 목적은 인간의 실질적인 삶의 유용성에 비추어 사물의 본질을 밝히는 데 있다고 규정했다.[13] 달리 말해 그는 자연을 인간적인 목적과 필요에 맞게 제어할 수 있는 것으로 규정하면서, 참된 학문이란 실증적인 방법을 통해 자연의 진리를 밝히고, 인간의 능력을 확장하여 삶을 개선할 수 있는 유용한 지식을 제공하며, 자연의 대상들을 지배할 수 있게 하는 것이라고 주장했다.

넷째로 '가치중립주의'는 과학적 연구가 인식의 발전을 위해 특정한 종교적·정치적 이념으로부터 자율적이기를 요구하는 목적에 따른 것이다. 그러나 그것은 오늘날 인식과 가치(윤리)의 분리라는 식으로 일반화되어, 과학자가 그의 과학적 연구에 의해 야기될 사회적 결과에 대해 책임의식을 갖지 않아도 된다는 식의 탈윤리적 사고를 정당화하고, 과학적 지식의 파괴적 이용 가능성을 간과하는 요인이 된다.

지금까지 환경 문제와 관련하여 근대 과학이 갖는 몇몇 성격을 중심으로 비판적으로 고찰하였다. 이와 관련하여 김국태 교수의 다음과 같은 주장은 앞으로 과학기술이 나아가야 할 방향을 제시해주는 역할을 할 것으로 보인다.

> "자연의 파괴, 즉 자연의 사실에 적합하지 않은 인식과 자연법칙에 적응할 준비가 되어 있지 않은 기술, 물리적·생물학적 법칙 나아가 인간학적 원리를 간과한 과학기술은 자연을 파괴하고 인간을 파국으로 몰고 가는 것이다. 하나의 파국은 또 다른 파국을 초래한다는 의미에서 인간과 자연은 상호의존적 공동운명체로 파악되어야 하며, 기술은 자연에 대한 지배 수단이 아니라, 전적으로 생존을 위한 적응 수단으로 이해되어야 한다는 결론에 도달할 수 있다."[14]

이 주장에 따르면 자연 파괴는 결국 과학기술의 남용에 기인하며, 지금까지 자연 정복을 정당화해 온 과학주의는 그 수정이 불가피하다는 논지를 담고 있다. 그래서 과학은 다만 인간이 자연에 적응하는 수단으로 간주되어야 한다는 것이다.

5. 새로운 환경론에 대한 모색

지금까지 우리는 현대 과학문명의 근거가 되는 근대 과학사상에 대해 과학의 본성적 측면에 비추어 비판적으로 검토하였다. 이러한 고찰은 환경론의 관점에서 그 의미를 좀 더 깊이 음미하기 위한 것이다. 환경론의 관점에서 보았을 때, 근대 과학의 합리성 개념이 그것이 현대에 미친 지대한 영향에도 불구하고, 그것이 지나치게 제한적으로 적용되고 있다는 사실을 알 수 있었고, 현대의 반환경적·딜레마적 상황을 통해 또 다른 관점에서 인간과 자연에 대해 재고할 필요성 또한 확인할 수 있었다. 그렇다고 해서 이러한 판단이 근대 과학사상 자체를 오류로 규정하는 방식으로 귀결되어서는 안 된다. 과학과 그 기술적 적용에 따른 도구적 이성을 허용하는 견해가 독단이었다면, 그것을 포기해야 한다는 견해 역시 하나의 독단일 수 있기 때문이다.

그것은 현대 문명과 현대인의 삶이 그러한 과학기술의 토대 위에 성립한다는, 그렇기 때문에 우리가 더 이상 그러한 과학기술을 포기할 수 없다는 측면에서 그런 것은 아니다. 더욱 근본적이 이유가 있다면 그것은 과학기술이 인간 생존에 필수불가결한 조건에 해당한다는 사실을 부정할 수 없기 때문이다. 물론 그렇다고 해서 이 사실이 도구적 이성을 통한 욕구 충족을 정당화시켜주는 것도 아니다. 왜냐하면 과학기술로부터 비롯되는 현대의 반환경적인 딜레마가 인류의 생존 문제와 직결되기 때문이다. 현대의 반환경적·반생명적인 딜레마 역시 인류의 투명한 미래를 보장해 줄 수 없다. 결국 이 양자가 상호 모순된 결과를 초래한 셈이다. 가능한 대안은 이성이 갖는 목표 지도적인 본래의 측면을 회복함으로써 욕구의 충족이라는 도구적 이성을 제한적으로 유지하는 것이다. 선택이 우리의 몫이라고 했을 때, 과학기술을 기반으로 한 인류의 모든 성과를 포기할 수는 없다. 생존을 위해 인류가 이룩해 놓은 성과를 포기하는 것은 그 이상의 대가를 또다시 치러야 하는 난관에 봉착할 수 있다는 점에서 가능한 대안일 수 없다.[15]

환경을 인간에 의해 형성된 기술적 문명·환경이라고 했을 때, 환경은 인간이 자연에 부여하는 의미에 따라 그리고 인간이 추구하는 가치에 따라 재창조되는 것이다. 동시에 자연에 투여하는 노동에 해당하는 과학기술은 인간 생존의 필수적인 조건이 된다. 그렇다면 더욱 근본적인 문제는 과학기술 그 자체에 있는 것이 아니라, 자연을 개발하고 이용하는 근거라 할 수 있는 과학기술을 어떻게 이해할 것이냐는 인식과 그것을 이용하는 삶에 대한 가치관에 있는 것이 분명하다. 결국 환경은 "어떻게 과학·기술을 이용할 것인가?"라는 우리의 인식과 "그에 대해 어떠한 가치를 부여할 것인가?"라는 가치관에 따라 각기 달리 만들어지는 것이다.

따라서 우리가 이제 새로이 추구해야 할 이상적인 환경은 우리에게 주어져 있거나 결정된 것이 아니다. 우리가 추구해야 할 환경은 존재의 양적 특성보다는 질을, 실증성보다는 정신적 의미를, 자연의 이용보다는 인간과의 공존 가능성을, 물질적 복리보다는 질 높은 삶의 가능성을 추구하는 이성의 본래적 기능을 회복함으로써 모색될 수 있을 것이다. 현재를 살아가고 있는 우리에 의해 자연과 인간에 대한 성숙한 인식과 삶에 대한 새로운 가치관, 기술에 대한 성숙한 통제 의식을 토대로 설정되어야 할 실천적 요청인 것이다.[16] 그것은 우리가 자연과 얼마나 조화롭게, 건강하게, 그리고 얼마나 인간적으로 살기를 원하느냐에 따라 선택되고, 실천되어야 할 과제로 주어지는 것이다.

1 이와 관련한 적극적인 논변으로는 김재권(1995)의 「과학기술에 관한 철학적 성찰: 과학, 반과학 그리고 과학적 세계관」을 참조하기 바란다.

2 이렇게 주장할 수 있는 근거를 든다면, 환경 문제는 본질적으로 '인식적 정당화'에 관한 문제라기보다는 '실천적 정당화'에 관한 문제이기 때문이다. 인식론적 관점에서는 정당화될 수 없지만 실천적 혹은 타산적 관점에서 정당화되는 사례로 다음과 같은 경우를 생각해 볼 수 있다. 철이가 심각한 질병을 실제로 앓고 있으며, 그렇게 믿을 만한 타당한 이유를 그가 충분히 갖고 있다고 하자. 그러나 그러한 믿음을 받아들일 경우 준이는 심각한 심적 타격을 받아 문제의 정신 질환에서 회복되지 못할 우려가 크며, 반대로 그가 자신의 질병이 그리 심각하지 않기 때문에 조만간 회복될 것이라는 믿음은 인과적으로 준이로 하여금 질병에서 회복되는 데 크게 기여할 것이라고 하자. 그 경우, 철이가 질병을 앓고 있다는 믿음은 준이에게는 인식적으로 허용되지만 반대로 타산적으로는 허용되지 않는다. 반대로 질병에서 곧 회복될 것이라는 믿음은 실천적으로는 정당화되지만 인식론적으로는 정당화될 수 없다(홍병선, 『현대 인식론 논쟁』, 한국학술정보, 2006, 2장 참조).

3 토마스 아퀴나스는 아리스토텔레스적인 실재론을 부활시키면서 우리 외부의 자연에서 보편(universal)은 개체 안에 존재하지만, 우리의 정신(이성)은 개체를 일체 배제하고 오로지 보편만을 직접 파악하는 것이 가능하다면서 이성의 우위를 강조하게 된다. 이러한 관점은 이후 윌리엄 오컴, 둔스 스코투스 등의 유명론자들에 의해 기독교의 교리를 부당하게 인간 이성의 테두리 내에 제한하려 한다는 비판에 직면하게 된다.

4 이와 관련해서는 『근대 과학의 철학적 조명』(김효명 외, 철학과현실사, 2006)에서 근대 과학의 성립을 중세와 근세의 불연속성이라는 관점 하에 세부적으로 다루고 있는데, 특히 3장의 「데카르트 철학에서 자연과학과 형이상학의 관계」(원석영)를 참조하기 바란다.

5 김효명 외(2006)에서 제7장 「칸트에게서 자연과학의 성립 가능성」(김성호)을 참조하기 바란다.

6 물론 제시된 세 가지 전제는 상호 밀접한 연관성을 가진다. 왜냐하면, 세 번째 전제를 통한 인간의 물질적 욕구에 대한 충족은 고스란히 첫 번째 전제와 두 번째 전제에 대한 확고한 신뢰로 이어지기 때문이다. 따라서 이 세 전제는 상호 순환적인 구조를 가진다고 볼 수 있다.

7 이러한 관점을 이성에 대한 경험주의적 견해라고 볼 수 있는데, 그 견해에 따르면 인간에게 선천적으로 부과된 의무와 같은 관념을 인정하지 않는다. 그래서 자신의 욕구 충족을 위한 권리는 주어질 수 있어도 의무를 갖고 태어나는 것은 아니며, 모든 인간이 동등하게 지니는 권리 또한 후천적으로 파생되는 것이라고 본다. 따라서 각 개인이 타인과의 관계성 속에서 욕구 혹은 이익을 극대화하기 위해서는 자연을 지배할 수 있는 힘과 함께 타인의 이익 간에 조화를 위해 이를 실현할 수 있는 공동체 내에서의 제도적인 장치를 마련해야 한다는 것을 의미한다.

8 여기에서 말하는 '이성의 본래적 기능' 혹은 '본래적 이성'이란 '이성의 비판적 기능'이라는 측면에서 그 의미를 더욱 확장하여 적용한 것이다.

9 이러한 관점에 대해 이종권 교수는 견해를 달리하는데, 그는 "기술의 발달은 이제 기본적인 욕구를 넘어 새로운 욕구를 계속 창출하고 또 충족시키는 단계에 와 있다. 인류는 이제 역사상 처음으로 동일한 정치 사회제도를 서서히 공유해 가고 있는바, 다음 세기에는 그 과정이 완료될 것이다. 그러한 사회제도하에서 인간은 자신의 물질적인 이익을 극대화하고 그를 통해 개인의 욕구를 최대한 충족시키는 일에 매몰될 것이다."라고 하면서 그 대안적 견해로 "…… 그것은 자연을 지배할 수 있는 힘을 지니고 자신과 타인의 이익 간의 조화를 실현할 수 있는 사회적인 장치를 마련해야 한다는 것을 의미한다."라고 주장한다. 여기에서 이 교수의 대안은 홉스적 견해를 근간으로 하면서 사회 시스템의 변화를 통해 그 대안을 마련할 수 있다는 논지를 담고 있다(이종권, 「서양 과학문명의 본질과 인류의 미래」, 『철학탐구』 11집, 중앙철학연구소, 1999, 55~62쪽 참조).

10 이 주장은 토마스 쿤의 패러다임론의 관점에 따른 것이다. 하지만 이를 조금 수정하여 쿤과 달리 패러다임을 방법론적 측면에 적용할 수도 있을 것이다. 그럴 경우 방법론적 패러다임은 이론을 구성하는 방법적 지침으로 이해할 수 있을 것이다.

11 F. 베이컨은 『신기관(Novum Organon)』에서 과학적 연구의 새로운 원칙을 제시하는 가운데 아리스토텔레스적 방법론을 수정하는 관점에서 아리스토텔레스의 네 가지 방법론, 즉 질료인, 형상인, 운동인, 목적인 중 단지 질료인과 운동인만을 과학적 탐구의 유용한 방법으로 규정하고, 관념적·목적론적 의미를 지닌 형상인, 목적인을 지식의 발전에 무용한 것으로 규정하고 있다(베이컨 저, 진석용 역, 『신기관: 자연의 해석과 인간의 자연 지배에 관한 잠언』, 한국학술진흥재단 학술명저번역총서, 한길사, 2001 참조).

12 여기에서는 특히 존 로크에 의해 주도된 실용주의 철학에 대해 에너지론적 관점에서 폭 넓은 이해를 제공하고 있다(제레미 리프킨 저, 김명자·김건 역, 『엔트로피: 21세기의 새로운 세계관』, 두산동아, 1996, 27~43쪽 참조).

13 『신기관』에서 베이컨은 플라톤, 아리스토텔레스, 호메로스의 업적을 가리켜 인간의 삶을 개선할 수 있는 단 한 가지 유용한 도구도 제공하지 못하고 논쟁만 일삼는 쓸모없는 지식이라고 비판했다.

14 김국태, 「과학기술문명의 반환경성」, 『과학사상』 제12호, 과학사상연구회, 1994, 164쪽.

15 이에 관해 김국태 교수는 다음과 같이 주장한다. "환경에 관한 문제는 기술을 포기하고 순수 자연을 회복해야 한다는 식의 낭만주의적 희망으로 해결될 성질의 것은 아니다. 인간에 의해 가공되지 않은 순수한 자연이란 인간에 대해 존재한 적도, 존재할 수도 없다. 삶의 공간으로서의 문화 환경에서 기술은 인간의 생존을 위해 필수적인 도구가 된다. 우리는 우리의 요구에 따라 더 환경친화적인 과학, 더 조화된 삶

의 가능성을 추구할 수는 있지만, 과학기술을 포기할 수는 없다. 대안 없는 거부는 삶을 포기하는 것에 불과하다(김국태, 1994, 162쪽)."

16 이는 이성적 존재로서의 인간에 대한 해명에 관한 것으로, 조셉 에거시는 '합리적 인간'을 다음과 같이 규정하고 있다. 즉, "합리적 인간을 특징짓는 것은 자신의 목적을 달성하려고 할 때 자기 확신뿐만 아니라, 그에 따라 행동할 수 있는 가설에 대해 얼마나 합리적 선택을 할 수 있느냐 하는 것이다. 그러므로 그는 한 세트를 규정하는 것, 선택을 위한 한 세트의 대안적 가설, 한 세트의 사실, 그리고 그 이상의 세 세트에 적용할 수 있는 선택의 기준을 가지고 있는 것이다. …… 즉, 우리는 행동해야만 하며 그렇지 않으면 죽는다. 그리고 합리적으로 행동하는 것이 생존에 이르는 길이다. 따라서 우리는 합리적으로 행동하는 것이 더 낫다(J. Agassi 저, 이군현 역, 『현대 문명의 위기와 기술철학』, 민음사, 1991, 156~162쪽 참조)."

:: 찾아보기

ㄱ

ㄴ

ㄷ

ㅈ

ㅊ

ㅋ

ㅌ

ㅍ

ㅎ

인문학, 철학 그리고 세계

초판 1쇄 발행일 2015년 3월 13일

편저자 홍병선
펴낸이 박영희
편집 배정옥·유태선
디자인 김미령·박희경
마케팅 임자연
인쇄·제본 태광인쇄
펴낸곳 도서출판 어문학사
서울특별시 도봉구 쌍문동 523-21 나너울 카운티 1층
대표전화: 02-998-0094/편집부1: 02-998-2267, 편집부2: 02-998-2269
홈페이지: www.amhbook.com
트위터: @with_amhbook
페이스북: www.facebook.com/amhbook
블로그: 네이버 http://blog.naver.com/amhbook
다음 http://blog.daum.net/amhbook
e-mail: am@amhbook.com
등록: 2004년 4월 6일 제7-276호

ISBN 978-89-6184-364-5 03100
정가 10,000원

이 도서의 국립중앙도서관 출판예정도서목록(CIP)은 e-CIP홈페이지(http://www.nl.go.kr/ecip)와 국가자료공동목록시스템(http://www.nl.go.kr/kolisnet)에서 이용하실 수 있습니다.
(CIP제어번호: CIPCIP2015006249)